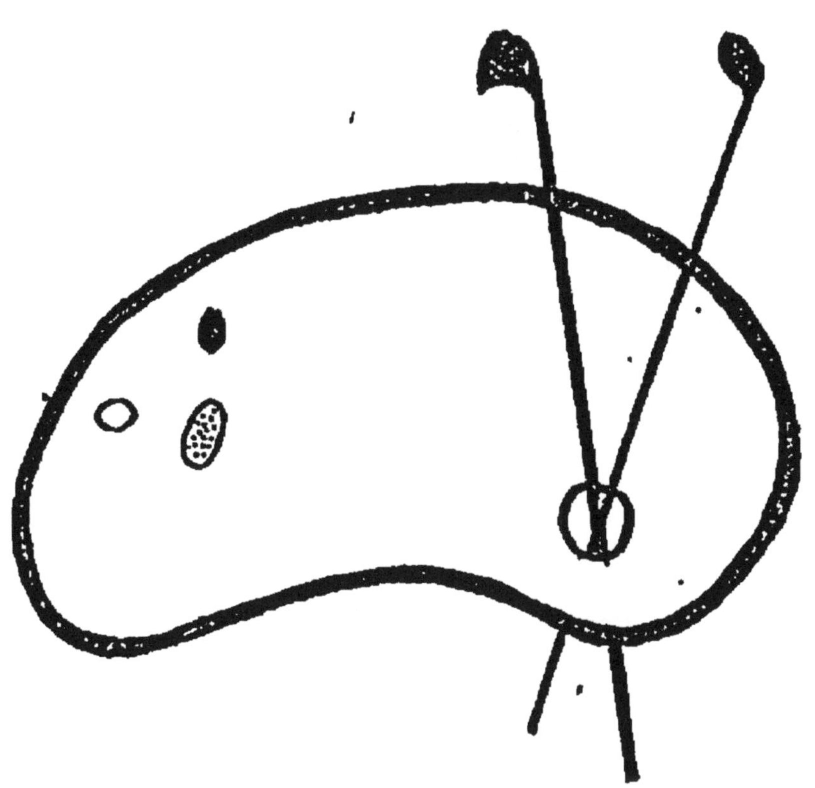

DEBUT D'UNE SERIE DE DOCUMENTS
EN COULEUR

R. P. TERRADE

DE LA SOCIÉTÉ DE MARIE

Éducation et Patriotisme

PARIS

LIBRAIRIE CH. POUSSIELGUE

RUE CASSETTE, 15

1901

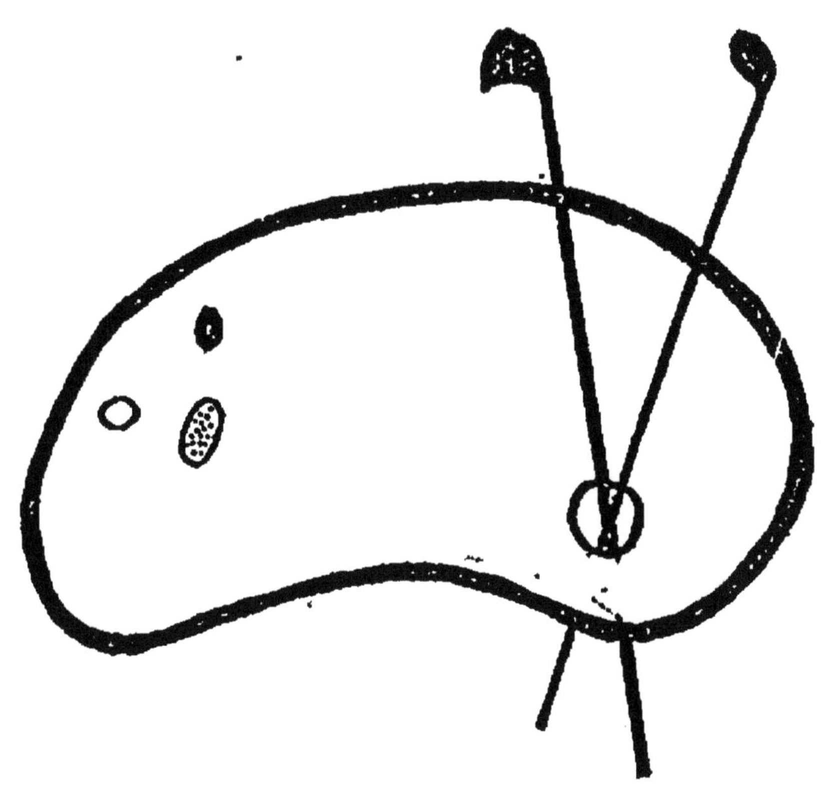

FIN D'UNE SERIE DE DOCUMENTS
EN COULEUR

Éducation et Patriotisme

DU MÊME AUTEUR :

Le grand Jubilé de l'an 1300 et la « Divine Comédie » de Dante. — Conférence faite au cercle du Luxembourg, le 9 février 1900. . . . . 1 fr.

R. P. TERRADE

DE LA SOCIÉTÉ DE MARIE

Éducation
et Patriotisme

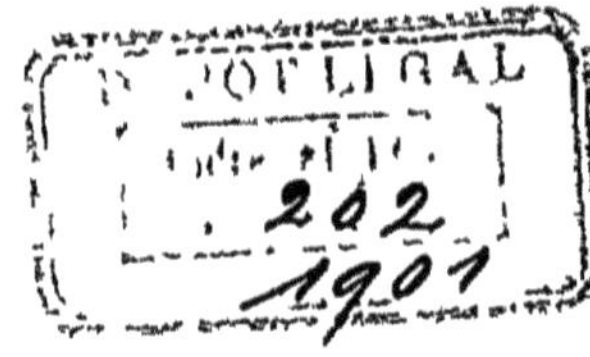

PARIS

LIBRAIRIE CH. POUSSIELGUE

RUE CASSETTE, 15

1901

AVANT-PROPOS

Le titre de l'ouvrage indique la pensée dominante qui a inspiré ce recueil de *Discours* et de *Conférences*. En face des attaques répétées contre tout ce qui fit la grandeur de la France, les esprits élevés et les cœurs généreux se préoccupent vivement de l'avenir, et, pour le rendre digne du passé, ils veulent à tout prix maintenir parmi nous l'éducation chrétienne qui met au cœur de l'enfant le double amour de Dieu et de la patrie.

L'âme de l'enfant, cette chose exquise et incapable, dans sa faiblesse, de se défendre elle-même, est devenue, pour ainsi dire, l'enjeu de cette lutte ardente que se livrent l'Église et la Révolution. Celle-ci, par des lois sacrilèges, a exilé Dieu de ses écoles, dont elle a confié la direction à des maîtres qui souvent ne croient plus en Dieu. L'Église, qui déplore ces lois, a fondé des écoles libres pour y parler encore de Dieu à l'âme de l'enfant et préparer à la fois son avenir éternel et temporel.

L'éducation chrétienne inspire le véritable patriotisme, selon la belle parole du comte Molé : « Quand on est un grand chrétien, on devient aisément un grand citoyen. » Cela est vrai surtout pour la France, née d'un acte de foi sur un champ de bataille et dont les racines plongent dans le baptistère de Reims.

Aux *Discours* composant la première et la seconde partie du volume, nous avons ajouté deux *Conférences* sur des sujets relatifs à la haute culture intellectuelle, à la formation supérieure des âmes.

Après avoir rappelé les idées de saint

Jérôme et de Fénelon sur l'éducation de la femme, nous avons montré en Mme de Sévigné quelle était la culture religieuse d'une femme du grand siècle. Cette culture est nécessaire pour qu'une mère puisse elle-même diriger l'éducation de ses fils. Mgr Mermillod disait un jour : « L'avenir est fils de la femme plus que de l'homme. » Le mot est profond et vrai. Oui, c'est la femme surtout qui prépare l'avenir par la formation de ses fils. L'éducation est l'œuvre de la mère plus que l'œuvre du père. C'est la mère qui met sur ses enfants l'empreinte de son âme.

Une autre conférence rappelle l'action supérieure exercée par Lamennais sur les âmes à qui il savait si bien, tant qu'il fut lui-même fidèle, inspirer la passion de la vérité ; elle justifie cette parole de l'un de ses jeunes disciples, Eugène Boré : « Pendant sept ans, j'ai grandi sous ses ailes, et c'est lui qui, par ses enseignements, m'a appris à connaître toute la grandeur et la sainteté de la religion catholique. »

Nous prions Dieu de bénir ces pages publiées sous le patronage de la *Société générale d'Éducation*. Tertullien, dans son langage énergique et concis, disait que lorsqu'il s'agit des droits de Dieu tout homme doit être un combattant : *in his omnis homo miles*. La plume et la parole sont une épée, et chacun doit prendre son poste de combat, si modeste soit-il.

ÉM. TERRADE, S. M.

Paris, 7 mars, en la fête de saint Thomas d'Aquin, patron des écoles catholiques.

I

Bénédiction d'un collège chrétien
L'Église et l'Enfant

—

Jeunesse et Croisade
L'Idéal chrétien

—

Saint Thomas d'Aquin, patron des écoles catholiques

—

La Mère et l'Enfant

—

Le Foyer chrétien

BÉNÉDICTION

D'UN

COLLÈGE CHRÉTIEN

L'ÉGLISE ET L'ENFANT

Monseigneur [1],

L'histoire du monde s'ouvre par une bénédiction : *Benedixitque eis dicens : Crescite.* Le Dieu des germes, des nids et des berceaux étendit sa main fécondante pour faire épanouir la vie dans la lumière, l'espérance et la joie. *Cum me laudárent astra matutina et jubilarent omnes filii Dei :* les astres naissants et toutes les créatures, filles de Dieu, tressaillirent sous cette bénédiction primordiale.

L'Église, qui a les pensées de Dieu, bénit aussi en son nom tout ce qui commence. En avril, elle bénit les champs pour que les semences deviennent de riches moissons, pour que les nids

---

[1] Mgr Redwood, archevêque de Wellington, invité à bénir l'école Saint-Joseph, à Passy, le dimanche 27 février 1897.

enfantent la vie. Elle bénit la source des fleuves, afin que l'eau coule plus limpide et plus fraîche. Elle bénit les foyers qui se fondent et invite les anges du ciel à venir veiller sur les berceaux, et pour ainsi dire les réchauffer sous leurs blanches ailes : *Mittere digneris angelum tuum de cœlis, qui foveat.* Elle bénit même la tombe, parce qu'elle sait que la tombe est le berceau d'une vie nouvelle et immortelle. Le poète a raison de dire :

Nous verrons le berceau germer dans le cercueil;
Mourir n'est pas finir : c'est le matin suprême.

L'Église bénit toutes les œuvres de l'homme : le navire qui s'élance sur les flots, la machine de feu qui dévore l'espace, le drapeau qui frissonnera au souffle des batailles. Partout où l'homme met sa première goutte de sueur ou de sang, l'Église verse son eau lustrale.

Elle bénit ses temples, elle les consacre même, unissant le chrême à l'eau sainte pour oindre ces murs destinés à abriter le tabernacle.

S'il en est ainsi, comment voulez-vous qu'elle n'ait pas des bénédictions spéciales pour un collège chrétien qui est à la fois un nid, un berceau, un foyer, presque un temple, et qui renferme tant de germes et tant d'espérances?

Ces bénédictions, elle va les répandre ici par la main d'un Pontife, étranger d'origine, mais Français par le cœur, et qui, mieux que tout autre, a su comprendre et réaliser ce vers de notre grand poète :

Tout homme a deux pays : le sien et puis la France.

Il y a, Monseigneur, dans cette coïncidence, l'une de ces harmonies providentielles qui président aux lois de ce monde, et qui créent même la beauté du monde surnaturel. Le collège Saint-Joseph, situé dans l'un de ces quartiers nouveaux et somptueux, où viennent de préférence se fixer les étrangers, est destiné à recevoir non seulement des enfants d'origine française, mais des enfants nés sous tous les soleils. Or, pour le bénir, Dieu, dans ses desseins harmonieux, a voulu conduire ici un évêque au noble cœur, à l'âme chevaleresque, dont le berceau et le trône épiscopal touchent à de lointains rivages, mais dont la jeunesse s'est épanouie dans notre belle France, et qui se plaît à y revenir pour réveiller le souvenir heureux des premières affections. C'est donc pour nous tous, Monseigneur, un honneur, une joie et un gage d'espérance de vous voir présider à cette fête et mettre votre nom, comme une armoirie, sur le front baptisé de ce beau collège chrétien.

L'Église, cette grande Église catholique, dont vous êtes le Pontife illustre, a toujours eu pour l'enfance la tendresse et le dévouement d'une mère. C'est elle qui sur les ruines du vieux monde a ouvert les premières écoles; c'est elle qui, au cours des siècles, a présidé à la culture de l'esprit humain; c'est elle enfin qui, sous les inspirations de son cœur, vient de faire éclore cette école nouvelle, l'école Saint-

Joseph, où se pressent déjà de nombreux et joyeux enfants.

Nul mieux qu'elle n'a su élever les jeunes générations, parce que nul n'a mieux connu à la fois la nature de l'enfant et les destinées qui l'attendent.

L'enfant est une intelligence endormie qu'il faut éveiller et instruire, un cœur où sommeillent toutes les passions et qu'il faut garder, protéger, défendre et armer; une âme qui a d'immortelles destinées et qu'il faut, à travers les triomphes et les épreuves de la vie, conduire à ses fins sublimes. Toute éducation qui n'enseigne pas à l'enfant à lever les yeux vers le ciel, et qui ne lui dit pas ce que disait à ses enfants la mère héroïque des Machabées : *Peto, nate, ut adspicias cœlum,* est une éducation tronquée; elle mutile les aspirations de sa nature baptisée vers l'infini; elle en fait un être amoindri. L'Église a le noble souci de la dignité de l'enfant et de la grandeur de l'homme. Aussi, sa plus constante préoccupation a-t-elle été de créer des écoles chrétiennes, de fonder des collèges chrétiens, où toutes les facultés de l'enfant, dons de la nature et dons de la grâce, reçoivent un développement régulier, harmonieux, et où lui-même arrive à conquérir sa stature divine.

Le comte Molé disait un jour : « Quand on est un grand chrétien, on devient aisément un grand citoyen. » Dans ses écoles ouvertes à tous les progrès, l'Église forme à la fois le citoyen et le chrétien, l'homme du temps et l'homme de l'éternité.

« *Accipe puerum, et nutri mihi :* Prends cet enfant, et fais-en un homme qui ait la tête et le cœur d'un roi, » disait à la mère de Moïse la fille des Pharaons. Cette grande parole, l'Église, fille de Dieu, la redit à toutes les mères et à tous ceux qui ont reçu le noble ministère de l'éducation.

Pour la réaliser, en épanouissant dans la lumière et dans l'amour la tête et le cœur de l'enfant, trois choses sont nécessaires. Leur réunion constitue l'école chrétienne, l'école idéale et parfaite : la science, le maître, le local.

Une science lumineuse et vaste, en harmonie avec les découvertes les plus récentes du génie, et avec les immuables affirmations de la foi ;

Un maître qui ait toutes les délicatesses et toutes les générosités du dévouement ;

Un local spacieux et embelli, où l'enfant puisse retrouver une image du foyer domestique et les joies sereines de la famille.

Cette science, ce maître, ce local, l'Église les a créés ; longtemps même ses écoles furent les seules, car elle a été pendant de longs siècles l'unique institutrice des peuples, exerçant, avec une compétence souveraine, la grande maîtrise des intelligences.

I

Au livre sacré, Dieu s'appelle lui-même « le Maître des sciences : *Deus scientiarum Dominus* ». L'Église, héritière des dons de Dieu, deviendra donc un foyer de lumière et de science. Aucune étude ne lui restera étrangère ; elle accueillera toutes les découvertes, favorisera tous les progrès. Elle fera couler, abondantes et pures, les sources du savoir. Gardienne des lettres humaines, elle en tiendra le flambeau, toujours agité et vivace. L'art lui devra ses plus sublimes inspirations ; elle sera le foyer du beau comme du vrai. Elle imprimera même à l'esprit un essor inconnu et lui donnera pour règle ce beau vers de Lamartine :

C'est pour la vérité que Dieu fit le génie.

Le plus illustre des hommes d'État de l'Angleterre contemporaine, Gladstone, disait un jour : « Depuis la venue du Messie, le christianisme a marché en tête de la civilisation. Son savoir a été le savoir du monde, son art l'art du monde, son génie le génie du monde... » Magnifique aveu d'un grand esprit.

Au-dessus des sciences humaines, l'Église, qui est l'incarnation vivante du christianisme, créera une science supérieure qui les dominera et les éclairera : la Théologie. Toutes ces connaissances, humaines et divines, elle les fera pénétrer dans son enseignement, dans ses écoles, elle en illuminera l'esprit des enfants.

Instruire l'enfant, en effet, ce n'est pas seulement lui apprendre les premiers éléments des sciences et des lettres, lui ouvrir même ces carrières brillantes qui font rêver tant de jeunes imaginations et stimulent tant de jeunes ardeurs. Instruire l'enfant, c'est aussi lui enseigner ces hautes vérités religieuses et morales qui sont la vraie lumière de la vie; c'est lui faire connaître l'éternité où il va, plus encore que le temps où il ne fait que passer.

Tout enseignement qui exclut et dédaigne ces grandes vérités, toute école qui ne les met pas en tête de ses programmes, ne peuvent donner à l'enfant une éducation complète. Ainsi élevé, l'enfant est un oiseau à qui on a crevé les yeux et coupé les ailes; il pourra se traîner terre à terre, mais sans jamais voir les horizons lointains, ni pouvoir monter dans les régions de la lumière et de l'idéal.

L'Église n'élevait pas ainsi l'enfance. Elle faisait de l'enfant un jeune aiglon, dont le regard pouvait fixer le soleil, et que ses ailes emportaient dans les régions du ciel : *Assument pennas sicut aquilæ, et volabunt in cœlum.*

Ces fils de l'aigle auront ici leur nid, leur aire. On enseignera à vos enfants, messieurs, toutes

les sciences humaines, mais on leur enseignera
aussi la science des choses divines. On en fera des
jeunes gens distingués, qui brilleront aux premiers rangs dans toutes les carrières libérales;
mais on en fera aussi des chrétiens intrépides,
fleurs de foi et d'honneur, selon la gracieuse
parole de saint Augustin : *Flos honoris christiani.*

Cette foi ne les amoindrira pas. Un écrivain
étranger, hostile même à toute idée religieuse,
n'hésitait pas à faire cet aveu : « Ceux qui
nient Jésus-Christ en portent la peine. Prenez
le plus grand des modernes antichrétiens, Fré-
deric, Laplace, Gœthe : quiconque a complètement méconnu Jésus-Christ, regardez-y bien,
dans l'esprit ou dans le cœur, il lui a manqué
quelque chose. » C'est Sainte-Beuve qui parlait
ainsi. Hélas ! malgré son merveilleux goût littéraire, il a été lui-même un exemple de plus à
mettre sur la liste des incomplets, des amoindris. Il lui a manqué quelque chose, parce qu'il
a méconnu Jésus-Christ.

A vos enfants, mesdames, il ne manquera
rien, ni dans l'esprit, ni dans le cœur, parce que
le Christ y aura toujours sa place. La lumière de
leur première communion, qu'aucun souffle ne
pourra éteindre, jettera ses reflets sur leur vie
tout entière; elle luira à leur front comme une
auréole.

Qui garde la vertu ne perd point la beauté.

II

Il n'y a que deux mains qui puissent ainsi graver sur l'âme de l'enfant l'image vive du Christ : la main de la mère et la main du prêtre. Aussi, quand l'Église a voulu créer pour ses écoles un maître selon son cœur, elle a posé sur son front la couronne sacerdotale.

Le cœur du prêtre ne ressemble-t-il pas au cœur d'une mère? N'est-ce pas le même Dieu qui les a formés et y a mis la même clairvoyance, la même tendresse, les mêmes sollicitudes, la même inexorable douceur? Ces deux cœurs sont faits pour se comprendre et pour s'aider dans l'œuvre délicate de l'éducation. Ce don de façonner l'âme de l'enfant, vous le puisez, vous, mères qui m'écoutez, dans votre maternité; et nous, prêtres du Seigneur, dans l'onction de notre sacerdoce. Les inspirations que vous trouvez, vous, auprès d'un berceau où dort un ange de Dieu, nous les trouvons, nous, au tabernacle où veille le Fils de Dieu, celui-là même dont la main caressante bénissait les petits enfants sur les chemins de la Galilée.

Les qualités natives de l'enfant lui viennent sans doute de Dieu, qui pétrit à son gré le cœur des hommes : *Finxit singillatim corda eorum.*

Mais la première éclosion de ces germes divins est due à la chaude influence du cœur maternel. On a souvent parlé des mères des grands hommes et de leur influence sur le génie de leur fils; que ne pourrait-on pas dire aussi des mères des saints et de l'empreinte divine gravée par elles sur ces âmes prédestinées! « Pour moi, avoue un éminent prélat[1], quand Dieu place sur ma route un enfant distingué, innocent, généreux, et que je veux connaître la source mystérieuse de ces dons privilégiés, je remonte à sa mère, et je ne me trompe jamais. »

Oui, c'est là, messieurs, dans les trésors d'une âme, foyer de la vôtre, que votre esprit d'enfant a puisé sa lumière, votre cœur sa pureté. Vos mères vous ont donné, si je puis parler ainsi, le plus pur lait de leur âme. Chacun de vous peut dire avec saint Jérôme : *Ab ipsis incunabilis catholico sumus lacte nutriti.* Sur les genoux de vos mères, près de leur cœur, vous avez trouvé à la fois votre première école et votre premier autel. En elles, pour me servir de l'expression d'un saint, vous avez trouvé l'*ancre sacrée de vos cœurs.* Quels que soient les orages qui attendent votre vie, c'est par elles que vous serez rattachés aux rivages de l'honneur, de la conscience, de la vertu sur la terre, et plus tard aux rivages du bonheur dans l'éternité.

Mais l'influence maternelle, malgré toute sa

---

[1] Mgr Baunard, recteur des Facultés catholiques de Lille.

puissance, ne suffit point à achever l'éducation, à transfigurer, à diviniser, à épanouir complètement une âme baptisée; il y faut l'action supérieure du maître chrétien, action qui s'exerce dans l'école, comme celle du père et de la mère s'exerce au foyer de la famille; et cette seconde influence doit avoir en elle quelque chose qui rappelle les tendresses de la première.

Pour créer le maître tel qu'elle le rêvait, l'Église mettra donc dans son cœur les sentiments mêmes qui animent le cœur d'une mère.

. Et d'abord le respect de l'enfance. L'enfant, dans son innocence, voit Dieu comme les anges du ciel. *Le royaume de Dieu est au dedans de lui*, selon le mot profond de l'Évangile, *et il lui est semblable; la lumière de la beauté divine* est gravée sur sa charmante nature.

C'est, dit le poète,

> C'est le dernier venu de la céleste rive.

Plus près de son origine, il en a la primordiale beauté. Cette beauté divine, unie à une candeur qui ne soupçonne rien, à une faiblesse qui est incapable de se défendre elle-même, fait de l'enfant une majesté désarmée. Un ancien, instinctivement touché de la grandeur des âmes, avait déjà dit : *Maxima debetur puero reverentia.* Ce respect dû à l'enfance, l'Église le mettra au cœur du maître, respect qui sera presque une vénération, parce que, aux yeux de la foi, l'enfant est une chose sainte, sainte comme le ciboire qui

renferme une hostie consacrée. L'âme pure de
l'enfant est un tabernacle où Dieu réside, la pro-
faner serait une impiété. « Mieux vaudrait, a
dit le divin Maître, s'attacher une meule au
cou et se précipiter au fond des mers. »

Le respect ne suffit pas pour constituer le
maître, il faut aussi le dévouement. Le dévouement suppose le sacrifice, suppose l'amour. La
nature met elle-même au cœur d'un père et d'une
mère ce dévouement pour leurs enfants. Mais
qui allumera dans le cœur d'un étranger, dans
ce pauvre cœur humain toujours si égoïste, le
feu sacré du dévouement, d'un dévouement
désintéressé, affectueux, patient, durable, pour
des enfants qui ne sont pas ses fils et dont il
n'a rien à attendre? L'Église seule pouvait le
faire, et seule elle l'a fait.

Ce maître, mélange de respect et de dévouement, qui a l'intelligence de sa mission et la
persévérance de son sacrifice, l'Église l'a créé
en le vouant à la pauvreté, à la chasteté, à
l'obéissance. Dès les premiers siècles, on le voit
apparaître. C'est le Bénédictin qui défriche à la
fois l'âme et le sol de nos aïeux. Sur ce sol cou-
vert de ronces et d'épines, il fait lever de riches
moissons, et dans cette âme inculte il sème la
vérité. Ce grand arbre bénédictin, étendant partout ses rameaux féconds, a été pendant des
siècles l'abri des jeunes générations qui, oiseaux
du ciel, venaient bâtir leur nid dans ses branches,
y chanter leur gai savoir et essayer leurs ailes.

L'histoire de cet ordre religieux célèbre est l'histoire même de la science, des lettres, de l'instruction, de la culture de l'esprit, du développement des intelligences pendant tout le moyen âge, c'est-à-dire à peu près pendant mille ans.

Lorsque le mouvement de la Renaissance fit naître, pour ainsi dire, des besoins nouveaux, l'Église mit la main sur son cœur, toujours fécond, et elle en tira le Jésuite, l'Oratorien, l'Eudiste, dont trois siècles n'ont pu amoindrir le prestige ni lasser le dévouement.

La Révolution, qui passa sur la France comme un ouragan, semblait avoir tout détruit. Mais la tempête était à peine terminée, que des tiges nouvelles reverdissaient sur le vieux tronc de la vie monastique. Notre siècle, à son aurore, voyait même surgir un ordre nouveau qui allait prendre le nom suave de Société de Marie : *Hoc enim mellifluo Societatis Mariæ nomine insignita est*[1].

En présidant à l'enfance, à l'adolescence, à la jeunesse de Jésus, Marie a mérité à toutes les mères les grâces d'éducation qui leur sont nécessaires; elle a aussi mis au cœur de ceux qui, pour mieux élever l'enfance, ont voulu porter son nom, toutes les intuitions et toutes les tendresses maternelles. Dans les collèges de la Société de Marie règne l'esprit de famille; c'est

---

[1] Constitutions de la Société de Marie.

là, pour ainsi dire, leur caractère distinctif. L'école y est la prolongation du foyer domestique; elle a un intérieur doux, gracieux, égayé, où la loi austère du travail et de l'obéissance est tempérée par les plus tendres affections, par les fêtes les plus épanouies.

« Je suis, disait le Père Lacordaire, attendant pendant l'automne de 1854 la rentrée de Sorèze, je suis comme un père de famille qui a embelli la demeure de ses enfants, et qui attend avec impatience l'heure de les en faire jouir. »

Ce que disait le Père Lacordaire avec un charme si puissant, il le dira aussi celui qui a créé cette institution naissante, et qui la dirige avec une intelligence éclairée et une suave énergie[1]. Son rêve sera de l'embellir, de l'agrandir, pour rendre plus vaste et plus joyeux ce second foyer de l'enfant.

III

Pour fonder une école, la science et le maître ne suffisent pas, bien qu'ils soient les deux éléments les plus nécessaires et les plus difficiles à réunir; il faut encore un élément tout matériel, un local, un abri, un monument où se ren-

[1] R. P. Chastel, supérieur de l'école Saint-Joseph.

contrent l'élève et le maître. Sous ce rapport aussi, l'Église n'était pas en retard. Elle avait, le long des siècles, ouvert à l'enfance ses palais épiscopaux, les bas-côtés de ses cathédrales, les cloîtres de ses monastères, les vastes salles de ses universités. Pour abriter la science, comme pour abriter la prière, elle avait élevé de splendides demeures. Rien ne sentait la caserne dans ces vieilles écoles; tout y était fait avec art, gai, vaste, éclairé, animé. L'Église, mère aimante, savait qu'il faut à l'enfant, comme à l'oiseau, de l'espace, du soleil, des ombrages et de la joie. Elle voulait qu'à l'école il ne regrettât pas trop le foyer paternel. Là comme au foyer de la famille, elle suspendait le Crucifix qui rayonne, la Vierge au doux sourire, les images des Saints. Tout y parlait de Dieu et de vertu; les murs eux-mêmes offraient un enseignement.

L'école Saint-Joseph, elle aussi, sera un prolongement du temple et une extension du foyer. Tout y sera saint et tout y sera joyeux. Avec son site charmant, son air vif et pur, son soleil et ses ombrages, ses promenades au Bois de Boulogne, ses fêtes littéraires, sa chapelle où veillera nuit et jour le Dieu qui illumine les intelligences et fait fleurir dans les âmes le goût de la beauté : *pulchritudinis studium habentes,* cette Institution réalisera l'école telle que l'Église l'avait rêvée et créée. Les enfants y grandiront dans l'équilibre parfait de leurs facultés, et ils perpétueront parmi nous cette forte race chrétienne qui se distinguait par une foi vive, une conscience ferme et ce rare bon sens que Bossuet appelle « le grand maître de la vie humaine ».

A cet air de distinction que donne une bonne éducation, ils uniront ce charme divin qui est la marque d'une éducation chrétienne et qui est le reflet extérieur de l'invisible beauté de l'âme. Saint Ambroise, ayant reçu la visite d'un jeune patricien, qui n'avait rien flétri des délicatesses de son âme, croyait avoir devant ses yeux comme une vision du paradis, car il trouvait sur ce jeune front quelque chose de cette beauté et de cette joie qui rient et chantent sur le front des élus : *Frons plana et pura splendore Dei refulgens.*

Le Père Gratry, déjà membre de l'Académie françaises et l'un des maîtres illustres de la jeunesse des hautes écoles, vit, un jour, un étudiant entrer chez lui pour lui confier la direction de son esprit et de son cœur. Le jeune homme, tout fraîchement sorti d'un collège chrétien, de l'un de ces collèges sur lesquels la Vierge Marie étend son manteau d'azur, comme nous le voyons dans un merveilleux tableau de Zurbaran, avait un air si franc et si candide, un œil si pur, une physionomie si transparente, que l'éminent Oratorien, en le voyant, fut ému, attendri, pénétré d'un respect sacré comme à la vue d'une chose sainte.

Le lendemain, avec sa plume d'or, il écrivit

à la mère du jeune homme : « Madame, ré-
jouissez-vous et bénissez Dieu ; j'ai vu sur le
front de votre fils un reflet du ciel et un rayon
de l'éternelle beauté. »

Quelle joie pour cette mère d'entendre ainsi
parler de son fils ! Eh bien, mesdames, j'espère
que vos enfants, élevés dans cette maison sur
laquelle vont descendre les meilleures bénédictions du ciel, vous procureront des joies pareilles ;
j'espère qu'on pourra toujours vous dire, lorsqu'on vous parlera de ces fils si tendrement
aimés : « Madame, bénissez Dieu et réjouissez-
vous ; votre enfant porte au cœur et au front
un reflet du ciel et un rayon de l'éternelle
beauté. »

Oui, monseigneur, sous votre main bénissante
les vertus divines fleuriront ici, en même temps
que les sciences humaines ; on y cultivera les
âmes avec autant de soin que les esprits ; et les
jeunes générations qui sortiront de l'école
Saint-Joseph, le front haut et le cœur ardent,
pour aller prendre leur poste de combat dans
les luttes de la vie, mettront sous les yeux de
ceux qui les verront passer quelque chose de ce
que saint Chrysostome a si bien nommé « la
face anticipée du royaume des cieux : *quando
vos videbunt, quasi faciem regni cœlorum aspi-
cient* ».

Ces jeunes chrétiens, le visage éclairé par
cette étoile matinale dont parle l'Apocalypse,

stella matutina, étoile qui, dès ici-bas, se pose sur les fronts purs et prédestinés, offriront un genre de beauté qui les distinguera entre tous et qui, selon le mot de nos saints Livres, leur fera honneur auprès des vieillards: *Habet claritatem ad turbas et honorem apud seniores juvenis.* L'Église et la France auront en eux des fils vaillants, dévoués, qui seront la récompense de Dieu aux détresses de ce siècle finissant et aux aspirations du siècle nouveau qui va bientôt se lever sur le monde.

JEUNESSE ET CROISADE

L'IDÉAL CHRÉTIEN

DISCOURS

PRONONCÉ A LA DISTRIBUTION DES PRIX
DE L'INSTITUTION SAINTE-MARIE, RIOM, LE 23 JUILLET 1895

MONSEIGNEUR [1],
MON RÉVÉREND PÈRE [2],
MESSIEURS,

L'honneur de prendre la parole, en cette fête de la jeunesse, ne semblait pas devoir m'être réservé. J'étais loin, et vous aviez près de vous tant de voix éloquentes, dans cette ville de Riom où l'art de bien dire est un patrimoine héréditaire. Cependant, lorsque la gracieuse invitation du R. P. Supérieur est venue me surprendre à Paris, je n'ai pas hésité à l'accepter.

Retenu dans la grande ville pendant le mois

[1] Mgr Belmont, évêque de Clermont.
[2] Le Père Dumas, supérieur de l'Institution Sainte-Marie.

de mai, je n'avais pu, malgré mon titre de fils de l'Auvergne, assister à vos fêtes splendides qui ont réveillé des échos endormis depuis huit siècles et fait tressaillir l'âme chrétienne de la France. Aujourd'hui, je viens prendre ma revanche, en saluant le pontife dont l'initiative intelligente a su donner un tel éclat au *huitième centenaire des Croisades*, et dont le nom restera uni à la plus grande manifestation religieuse de ce siècle finissant. Les seuls noms qui survivent sont ceux auxquels s'attache un grand souvenir. Vous n'avez désormais à craindre, Monseigneur, ni l'oubli ni l'ingratitude. Vous avez ajouté une page à l'histoire de l'Auvergne, et, dans son cœur reconnaissant, l'Auvergne gardera votre mémoire respectée. Un clou d'or fixera votre nom sur les diptyques de cette belle église de Clermont que vous avez décorée d'une gloire nouvelle.

Le samedi 18 mai, une voix sonore, faisant écho, à travers les siècles, à la voix puissante de Pierre l'Hermite, prêchait devant une immense assemblée *la Croisade du* XIXᵉ *siècle*[1]. En lisant cette parole frémissante, qui avait fait passer dans l'auditoire ému un frisson d'enthousiasme, je pensais à vous, jeunes gens, et je me demandais quelle est *la croisade spéciale réservée à la jeunesse de cette fin de siècle.*

---

[1] Discours prononcé par le R. P. Monsabré, dans la cathédrale de Clermont.

Jeunesse et Croisade ! Ces deux mots magiques s'appellent, et il y a entre eux de profondes harmonies que je voudrais vous signaler, pour couronner cette année scolaire où de si nobles émotions ont agité vos âmes jeunes et ardentes.

I

Le grand poète lyonnais, Victor de Laprade, vieilli et découragé, laissait tomber de sa lyre ces mélancoliques accents :

> Tout est rapetissé, terne, désenchanté...
> Ah ! j'ai connu des jours et je les ai vécu
> Où les droits désarmés, où l'idéal vaincu,
> Le penseur qu'on proscrit et le Dieu qu'on délaisse,
> Avaient au moins pour eux les cœurs de la jeunesse !...
> Tous alors, adoptant nos poètes pour guides,
> Nous montions, dédaigneux des intérêts sordides,
> Fiers, altérés du beau plutôt que du bonheur,
> Amoureux de l'amour, du droit, du vieil honneur,
> Et tout prêts à mourir, purs de toute autre envie,
> Pour ces biens qui font seuls les causes de la vie...

Cet idéal vaincu, dont parle avec regret le poète, c'est l'idéal chrétien qui avait mis ses plus vifs reflets sur l'âme de la vieille France, de la France des Croisades. C'est lui qu'il s'agit de reconquérir. Il est ce calice d'or du Saint-Graal dont tout chevalier s'engageait à faire la conquête, malgré les séductions et les périls de la forêt enchantée.

Aux peuples comme aux âmes, il faut un idéal pour les éclairer, les inspirer, les élever, les enchanter. Cet idéal fut réalisé chez nous aux plus beaux siècles de notre histoire, alors que s'épanouissait sur la terre de France la fleur de l'honneur chrétien : *Flos honoris christiani.*

L'Église animait tout de son souffle divin, qui passait sur le monde comme une chaude haleine de printemps et faisait éclore la grande civilisation chrétienne ; elle marquait de son empreinte les institutions, les lois, les mœurs, les arts, la guerre elle-même. Sur le sol chrétien germaient les monastères et les basiliques ; la croix se dressait à tous les horizons. Les peuples levaient vers le ciel leur tête resplendissante de toutes les lumières de la foi. Le travail, chrétiennement organisé, avait ses joies et ses chansons, comme la terre a ses fleurs ; la pauvreté elle-même avait ses charmes, sa poésie, ses légendes, ses héros. C'étaient les siècles chrétiens du moyen âge, qui proclamèrent l'Église reine des peuples comme des âmes : *Regina gentium.*

« Quel peuple alors, écrivait un jour L. Veuillot, n'avait pas ses fêtes, ses fréquents repos, ses poésies, ses légendes charmées ? Au foyer de quel pauvre ne s'asseyait pas le Christ souriant ? Le peuple chrétien vivait en paix à l'ombre de ses vieilles cathédrales pleines du pain vivant. »

En ces siècles croyants, en ces siècles épris d'idéal, alors que les peuples baptisés s'ap-

pelaient eux-mêmes la Chrétienté et se tendaient
la main pour marcher ensemble à la conquête de
la Terre sainte, l'Église avait si bien transformé
le monde, elle avait imprimé au génie humain
un essor si puissant, elle avait si bien trempé
dans les eaux baptismales toutes les énergies
humaines, que le pouvoir s'appelait saint Louis;
la science, Thomas d'Aquin; l'art, Dante et Fra
Angelico; la guerre, Godefroy de Bouillon. Oui,
messieurs, le soldat lui-même, s'idéalisant sous
un rayon tombé d'en haut, devenait le chevalier,
qui faisait bénir son épée et en ornait la garde
de reliques sacrées.

Chaque siècle alors travaillait à réaliser le
programme tracé par Charlemagne, que le poète
qui a chanté la *Fille de Roland* fait ainsi parler
dans deux vers dignes de Corneille :

> J'ai pris et j'ai gardé l'Europe dans ma main;
> J'ai refait pour le Christ le vieux monde romain.

Ces temps héroïques, où naissait la chevalerie
qui eut les Croisades pour berceau, ont inspiré
au Père Imbert ce sonnet qui est l'un des
joyaux de sa couronne d'artiste et que vous
trouverez dans un livre exquis récemment
publié[1] :

> Moi, je l'aime, ce temps de nos luttes épiques,
>   Où, sans peur, nos preux chevaliers
> Pour *doulce France* et Dieu, s'élançaient héroïques,
>   Au galop de leurs destriers;

[1] *Un artiste.* — Le Père Imbert, de la Société de Marie;
1 vol. in-12, chez Plon.

> Où la pierre chantait, en ses voûtes gothiques,
>   L'hymne du pauvre et des guerriers;
> Où vierges et saints d'or peuplaient nos basiliques;
>   Où les cœurs valaient les aciers.
>
> Oui, je l'aime, ce temps où, sous l'épaisse armure,
> Où sous les rudes plis de la robe de bure,
>   S'enlaçaient le glaive et la croix;
>
> Où chacun tour à tour, à l'Église, à la France,
> Aux jours de deuil, jetait comme un cri d'espérance,
>   Ces deux grands mots: J'aime, je crois!

Cet essor vers l'idéal chrétien se poursuivait encore au XVIIe siècle, au siècle de Bossuet, de Vincent de Paul, de Mme de Sévigné et de Louise de Marillac.

Il y a quelques années, Alexandre Cabanel, le grand artiste qui a peint à larges traits, sur les murs du Panthéon, le *Poème de saint Louis*, se trouvait au Mont-Dore, en même temps qu'un jeune religieux. Le peintre, déjà frappé au cœur et que la mort devait bientôt ravir à l'art français, se sentait attiré vers le jeune prêtre. Ils faisaient ensemble de nombreuses promenades, allant de la prairie à la forêt, de la cascade au rocher qui la domine, à travers ces magnifiques paysages qui ont mérité à l'Auvergne le nom de Suisse française. Ils parlaient d'art, d'idéal; ils évoquaient ces grandes et radieuses figures qui brillent, comme des points lumineux, dans le passé de notre histoire et semblent provoquer le pinceau de l'artiste. Un soir, à l'heure où le soleil adoucit ses rayons et invite à la causerie intime, Cabanel fit à son jeune compagnon la confidence d'un tableau qu'il rêvait, pour être comme le pendant de sa *Glorification de saint Louis* et l'œuvre suprême de son âme d'artiste. La mort a trompé ses désirs : *Ars longa, vita brevis.* Au lieu du tableau, nous n'avons que le rêve.

Au centre, une figure idéale, à la physionomie douce et fière, aurait symbolisé la France sous les traits de Jeanne d'Arc, car le peintre aimait ces vers du poète :

> Chez nous, Français, les fils de la chevalerie,
> Une femme, une vierge, a sauvé la Patrie;
> Son âme y ressuscite à l'heure du danger,
> Son nom est le défi qu'on lance à l'étranger;
> Car la race des Francs, que tout Calvaire attire,
> S'aime et se reconnaît dans Jeanne la Martyre.

Autour de la figure centrale et les yeux tournés vers elle, Bossuet, surmonté d'un aigle aux ailes étendues, aurait représenté le génie de l'éloquence; Corneille, appuyé sur sa lyre, le génie de la poésie, et Condé, l'épée de Rocroy à la main, le génie de la guerre; et au bas de ce tableau, qui eût résumé toutes nos gloires, on aurait gravé ce beau vers de Lamartine :

> C'est pour la vérité que Dieu fit le génie.

« Voilà la France telle que je la vois dans mes souvenirs et dans mes rêves, disait Cabanel. Bossuet aimait Condé, qui pleurait aux vers du grand Corneille. Ces trois grands hommes sont le cœur, l'âme, le génie même de la France. »

Et l'artiste ajouta ces mots attristés :

« Hélas ! l'idéal s'en va. Le réalisme monte, menaçant d'abaisser l'âme de la France, en lui fermant ces régions élevées où elle planait dans la lumière de Dieu. Pour conjurer les périls de l'avenir, il nous faudrait une jeunesse éprise elle-même d'idéal et entreprenant, en sa faveur, une sainte croisade. »

Voilà, messieurs, la croisade qui attend votre jeunesse.

Il ne s'agit pas de faire revivre les formes sociales du passé. C'est là le vêtement extérieur qui varie selon les siècles. Sans porter l'armure pesante de l'antique chevalier, le jeune officier français peut avoir la même foi, la même bravoure, le même sentiment de l'honneur. Il s'agit de quelque chose de plus intime, de plus profond, de l'âme même de la France. Il s'agit de maintenir au milieu du monde, vivante et active, cette ruche d'abeilles, faite par les évêques, et dont un écrivain à la mode, le vicomte Melchior de Vogüé, disait dans une Revue célèbre : « Elle est belle la ruche d'abeilles où, depuis tant de siècles, nous faisons pour d'autres la cire qui éclaire le monde et le miel qui le nourrit. »

En venant de Paris, il y a quelques jours, afin de répondre à l'appel de votre distingué Supérieur, je relisais, pour charmer la longueur du voyage et chercher des inspirations, un livre signé d'un nom qui doit vous être cher.

Le livre, qui est un recueil de discours, porte ce titre : *l'Église et le Siècle*. L'auteur est Mgr Ireland, le grand évêque américain, dont la parole élevée, ardente, incisive, remuait Paris il y a trois ans. Or Mgr Ireland a passé sa jeunesse en France, et il a été, comme vous, messieurs, élevé par la Société de Marie. Il y a puisé ces ardeurs et ces flammes qui déjà lui font une auréole. Il est une de ses gloires. Aussi m'est-il doux de lui envoyer, à travers les mers, ce que les Anglais nomment le *hurrah* fraternel.

Le livre, où le vaillant prélat a mis sa tête et son cœur, avait donc pour moi un intérêt de famille. Aussi l'ai-je lu avec une émotion croissante, et j'y ai remarqué cette parole, prononcée devant un brillant auditoire parisien, et que je veux donner pour mot d'ordre à votre jeunesse, impatiente d'agir et de combattre : « Le Passé, vos pères l'ont fait et bien fait ; l'Avenir, à vous de le faire et de le bien faire. »

Oui, messieurs, le passé, nos pères l'avaient fait, et ils l'avaient fait magnifique. Rien n'est beau comme ce passé de la France chrétienne, qui va du baptistère de Reims à l'échafaud de Louis XVI, du Sicambre baptisé au Bourbon martyr : il était pétri de foi, d'honneur, de gloire et d'airain. On en a jeté les cendres au vent, à la fin du siècle dernier ; mais ne pouvons-nous pas dire à ces cendres de la vieille France ce que le poète disait à la cendre dispersée de Jeanne d'Arc :

> Cendre de la grande Lorraine,
> O cendre, ne vous perdez pas !
> Tombez comme une bonne graine,
> Tombez ici, tombez là-bas !
> Couvrez tout le sol de la France,
> Et, germant de l'ouest au levant,
> Poussez en moisson d'espérance,
> Cendre qu'ils ont jetée au vent !

Le Passé, que vos aïeux avaient fait si beau, à la lumière de l'idéal chrétien, nous devons le respecter, nous devons l'aimer, nous devons même nous en inspirer ; mais nous ne pouvons pas le ressusciter. Laissons-le donc dormir dans sa tombe honorée, et préparons l'Avenir.

II

Cet avenir, messieurs, sera ce que vous le ferez ; et, pour le construire, il vous faut trois choses que vous possédez, car elles sont l'apanage de toute jeunesse chrétiennement élevée : un idéal, une espérance et du courage.

Vous avez en vous un idéal, ce premier idéal, si élevé et si pur, éclos, au fond des âmes jeunes, comme une fleur printanière. A l'Académie française, dans une circonstance qui attira l'attention du monde lettré, un savant illustre, qui est aussi un grand chrétien, Pasteur, disait avec l'accent d'une vive émotion : « Heureux qui porte en soi un idéal et qui lui obéit: idéal de l'art, idéal de la science, idéal de la patrie, idéal des vertus de l'Évangile ! Ce sont là les sources vives des grandes pensées et des grandes actions. » Cet idéal, jeunes gens, resplendit au fond de vos âmes où rien n'est encore venu l'éteindre. Travaillez donc à le réaliser en vous et autour de vous ; mettez ses reflets sur les ombres croissantes de cette fin de siècle, et soyez vous-mêmes comme l'aurore d'un siècle nouveau et meilleur.

Dante, le grand voyageur au pays de l'idéal, le poète à l'âme altière, s'est endormi sur l'herbe fleurie dans l'une des plus riantes vallées de sa montagne du *Purgatoire*, et le matin, à l'heure où l'esprit est presque divin dans ses visions, il a un rêve. Il voit un aigle suspendu dans le ciel, avec des plumes d'or, les ailes ouvertes et s'apprêtant à descendre.

« Et l'aigle, tournoyant un peu, descendit, rapide comme la foudre, et m'enleva jusqu'à la sphère de feu. »

Cet aigle aux plumes d'or, qui, avec ses serres puissantes, emporte le poète vers les hautes cimes, plane, messieurs, sur votre jeunesse. C'est l'Idéal lui-même qui vous attire et vous invite à de hautes envolées.

Mais pour donner des ailes à votre âme et lui imprimer un essor victorieux, il vous faut une espérance. Un écrivain, doué d'un merveilleux talent, mais qui a été l'un des plus grands malfaiteurs intellectuels de notre siècle, laissait un jour tomber de sa plume académique ces mots désolés : « Ceux-là seuls arrivent à trouver le secret de la vie, qui savent étouffer leurs tristesses intérieures et se passer de l'espérance. »

Cette doctrine pessimiste ne sera jamais la vôtre, messieurs. Vous échapperez au dilettantisme qui nie le sérieux de la vie et ne voit dans les choses de ce monde qu'un décor mobile, ne cachant rien d'immuable, et que la fantaisie transforme à son gré, aussi bien qu'au réalisme qui brise à l'âme ses ailes et lui ferme les vastes horizons. Pour vous, le secret de la vie ne consistera ni à vous passer de l'espérance, ni à étouffer ces tristesses intérieures qui sont en nous le noble tourment de l'infini, blessure profonde, blessure glorieuse, blessure incurable, *immedicabile vulnus,* blessure faite à notre cœur par une flèche divine partie du ciel. Pour vous, le secret de la vie consistera à subir ce glorieux tourment de l'infini, à ouvrir votre cœur aux longs espoirs et aux vastes pensées, à monter toujours plus haut sur cette échelle d'or qui mène à Celui qui est l'Idéal éternel et vivant, à réaliser dans votre âge mûr les rêves généreux de votre jeunesse.

Sans même attendre les années viriles, la jeunesse, avec ses audaces, peut accomplir de grandes choses. Vous avez lu, dans la *Légende des siècles* de Victor Hugo, le charmant poème qui a pour titre *Aymerillot*.

Au lendemain de Roncevaux, Charlemagne revient d'Espagne. L'empereur à la barbe fleurie est triste..., les douze pairs sont tombés..., il pleure son neveu Roland.

Tout à coup, du haut des Pyrénées, il aperçoit la ville de Narbonne étincelante au soleil ; il dit à ses plus vieux capitaines d'en escalader les remparts et de la conquérir. Mais, hélas ! ce sont maintenant des vaincus, des découragés, et ils refusent tous les uns après les autres, lorsque soudain sort des rangs

> Une espèce d'enfant au teint rose, aux mains blanches,
> Que d'abord les soudards dont l'estoc bat les hanches
> Prirent pour une fille habillée en garçon.

Charles, étonné, demande quel est cet enfant, ce qu'il veut. C'est un pauvre orphelin ! Aymery se peint lui-même en trois mots, mais quels mots !

> ... Il plut au ciel de m'oublier
> Lorsqu'il distribua les fiefs héréditaires.
> Deux liards couvriraient fort bien toutes mes terres,
> Mais tout le grand ciel bleu n'emplirait point mon cœur.
> J'entrerai dans Narbonne, et je serai vainqueur !

Et il entre, messieurs. Et il prend la ville, parce qu'il est jeune, parce qu'il a les espérances et même les illusions de son âge, parce qu'il a de l'audace, parce qu'il a du cœur, un cœur que « ne remplirait pas tout le grand ciel bleu ».

Il a aussi le courage qui fait les forts, qui trempe les âmes pour les fiers assauts et pour les grandes luttes. Un tel courage est aussi nécessaire dans la vie civile que dans la vie militaire. Vous en avez un mémorable exemple dans l'un de vos compatriotes, dont je suis heureux de rappeler le nom qui décore l'une des rues de votre ville : Malouet.

Élu par acclamation député de Riom aux états généraux de 1789, il sut rester grand dans la vertu à une époque où les passions révolutionnaires ébranlaient les plus fermes courages.

Parlant de cet homme de cœur, en qui le caractère était à la hauteur du talent, Montalembert disait: « Si j'avais vécu de son temps, j'aurais été fier de marcher à sa suite. »

Or, un jour, Malouet est dénoncé à la Constituante. On a intercepté une de ses lettres au comte d'Estaing, dans laquelle il parle avec indignation des *factieux* et des *scélérats* de l'Assemblée. Malouet bondit à la tribune pour justifier les termes de sa lettre ; mais il en est repoussé. Alors la voix tonnante de Mirabeau se fait entendre, réclamant pour l'accusé le droit de se défendre. Devant cette injonction du redoutable tribun, la parole est donnée à Malouet, qui gravit lentement la tribune. Il ne tremblait pas.

Son courage était fait de sa haine du crime.

Sa haute taille, sa physionomie sereine, son

calme, sa fermeté, sa ténacité même dans le bon droit, le fonds de chaleur et d'énergie qui couvait sous son air digne, selon l'heureuse expression de Sainte-Beuve, et qui se démasquait dans les occasions, lui valurent un triomphe complet. Il démontra qu'il y avait des *factieux* et des *scélérats* dans l'Assemblée, et l'Assemblée elle-même le reconnut, en accréditant de son vote les paroles de Malouet. Ces factieux et ces scélérats, qui étaient encore en minorité, essayèrent de couvrir de leurs murmures la voix de l'orateur. Mais celui-ci, fixant ses adversaires, leur adressa ces mots que l'histoire a recueillis et que je voudrais voir gravés en lettres d'or sur un monument public élevé par la ville de Riom au plus grand de ses fils :
— Écoutez-les bien, messieurs, ne les oubliez jamais. — *Vos clameurs ne me troubleront point; car, de tous les murmures, je n'ai jamais craint que ceux de ma conscience.* »

Que cette fière parole soit votre devise, mes chers amis, la devise de tous les anciens élèves du collège Sainte-Marie. Vous aussi, sachez regarder en face vos adversaires, les ennemis de votre foi, de votre honneur, de vos convictions; sachez leur adresser la réponse de Malouet : « Vos insultes ne peuvent nous atteindre, vos clameurs ne sauraient nous troubler; car, *de tous les murmures, nous ne craindrons jamais que ceux de notre conscience.* »

En cette fin de siècle, pour nous qui rêvons

une France hautement chrétienne, image de celle qui fit les Croisades, la bataille semble perdue, comme elle l'était au soir de Marengo, lorsque arriva Desaix avec ses troupes fraîches et ses ardents bataillons. Le jeune général, étonné de voir une armée française en déroute, regarde sa montre et dit cette parole qui renfermait une victoire : « Il est encore temps de gagner la bataille. »

Messieurs, en vous regardant, en regardant votre jeunesse croyante et ardente, nous, vos aînés dans la vie, nous nous consolons des défaites passées, parce que nous avons le droit de redire la parole de notre héroïque et charmant compatriote, qui paya de sa vie une victoire qui devait immortaliser son nom : « Il est encore temps de gagner la bataille. »

Votre évêque, qui a daigné apporter à cette fête l'éclat et le charme de sa présence, en vous voyant vous avancer dans la vie, l'audace au front et la vaillance au cœur, vous bénira, comme l'un de ses prédécesseurs bénissait les chevaliers partant pour la terre sainte. Ce n'est plus le tombeau du Christ qu'il s'agit de délivrer, c'est l'âme chrétienne de la France qu'il faut arracher des mains de la Révolution, pour lui rendre sa beauté, ses élans, ses inspirations éteintes. Partez pour cette *Croisade nouvelle*, en poussant le cri de vos pères, que les échos de huit siècles nous ont apporté et qui retentissait naguère de nouveau sur cette belle terre d'Auvergne, comme un coup de clairon sonnant la charge.

Vos mères elles-mêmes vous béniront, et plus d'une vous dira, avec cette châtelaine dont parlent les vieilles chroniques :

> « Ne plaise à Dieu, à ses saints, à ses anges,
> Que douce France par toi perde l'honneur !
> Mon chevalier, en avant ! »

Ceux de vos camarades qui sont à Paris, — je suis heureux de leur rendre devant vous ce témoignage, — répondent tous à ce noble cri de guerre. Ardents, joyeux, comme on l'est à leur âge, ils apportent aux œuvres chrétiennes, aux œuvres sociales, la force et la parure de leur jeunesse. Il m'est doux de vous rapporter une parole dite à leur adresse par M. Terrat, professeur de droit et président du cercle du Luxembourg : « Quand il s'agit d'une œuvre à créer ou à soutenir, on peut compter sur les élèves de Riom, sur les jeunes gens de l'Auvergne ; ils ont une foi robuste comme les chênes qui couvrent leurs montagnes, et une ardeur joyeuse qui fait songer aux fleurs écloses sur leurs volcans. »

L'image, empreinte de couleur locale, n'enlève rien à la sincérité de ce témoignage si honorable pour vos condisciples : des *convictions* qui ne fléchissent point et un *courage souriant*, voilà ce qui les distingue parmi la jeunesse des hautes écoles. Vous ferez comme eux, quand vous

viendrez dans la grande ville achever vos
études. Pour rendre votre vie féconde, vous
saurez garder votre jeunesse pure, fière et vaillante. Vous suivrez le conseil que donnait à la
jeunesse de la Restauration le poète à la lyre
harmonieuse :

> ... Gardez votre jeunesse ;
> Elle est de vos aînés l'espoir et le trésor.
> Portez-la devant vous comme un calice d'or. »

Dans ce calice d'or, qui est *votre cœur de seize
ans,* Dieu a mis, comme autant d'hosties saintes,
la foi, la pureté, l'honneur, l'amour des grandes
choses, l'héroïsme chrétien, toutes les promesses
et toutes les espérances de l'avenir.

Portez fièrement devant vous cette coupe
d'or, sans en perdre une goutte, et si jamais le
vide s'y faisait, revenez ici pour la remplir.
Faites comme le ruisseau qui remonterait à sa
source pour retrouver la fraîcheur et la limpidité de ses eaux. Et en pensant à ce berceau de votre jeunesse, si plein de doux souvenirs que vous serez toujours heureux d'évoquer, dites-vous dans l'intimité de vos cœurs :
« Je suis comme l'hirondelle qui revient toujours à son nid, excepté quand on lui a coupé
les ailes. »

Dans ce nid, vous réchaufferez vos âmes ; les
inspirations et les ardeurs éteintes s'y rallume-
ront, et vous volerez à de nouveaux combats,
fidèles à la devise que Léon Gautier, qui a écrit

un si beau livre sur la *Chevalerie*, donnait un jour à la jeunesse des écoles :

Ni mépris du passé, ni peur de l'avenir.

Et lorsque, au déclin de la vie, les vents d'automne passeront sur vos fronts dépouillés, vous pourrez redire avec confiance ces deux vers que le poète met sur les lèvres des compagnons de Godefroy et de Tancrède :

« Non, nous ne mourrons point sans gloire et sans vertu;
Car le combat de Dieu, nous l'avons combattu. »

SAINT THOMAS D'AQUIN

PATRON DES ÉCOLES CATHOLIQUES

ALLOCUTION

PRONONCÉE AU COLLÈGE SAINT-VINCENT DE SENLIS
LE 7 MARS 1896

Au début de son pontificat, Léon XIII proclamait saint Thomas d'Aquin *patron de toutes les écoles catholiques*. Par son génie et sa sainteté, le Docteur angélique méritait cet honneur. Nul n'a fait rayonner la vérité d'un éclat plus lumineux et plus pur; il est le vrai prince de la science chrétienne.

Les écoles et les sociétés littéraires, animées d'un esprit chrétien, se sont empressées d'accepter un si noble patronage. Chaque année elles aiment à célébrer la fête de saint Thomas d'Aquin. C'est pour honorer la mémoire du grand docteur que cette allocution fut prononcée au collège Saint-Vincent. Ce collège, magnifiquement installé dans une ancienne abbaye royale, est dirigé par les Pères de la Société de Marie. Le 7 mars, l'académie, qui réunit en une société littéraire l'élite des élèves, fêtait son patron saint Thomas d'Aquin.

> *Erumpet, quasi mane, lumen tuum.*
> La lumière éclatera en toi comme une aurore. (ISAÏE)

MESSIEURS ET CHERS ENFANTS,

Je ne veux pas vous faire un sermon, mais vous dire quelques paroles inspirées par les souvenirs

qui s'éveillent en moi à la vue de cette chapelle
où je retrouve l'écho de ma propre voix, et à la
vue de l'académie qui a été, en des jours heureux que je regrette encore, la patrie de ma
pensée et de mon cœur.

Vous êtes l'élite littéraire de l'Institution
Saint-Vincent, vous devez en être l'élite morale.
Le génie et la sainteté, tels sont les deux rayons
qui brillent au front de celui que vous avez
choisi pour être le patron de votre société littéraire ; et c'est en partie à sa sainteté que Thomas d'Aquin, l'Ange de l'école, doit d'avoir été
l'un des génies les plus profonds et les plus lumineux. Il n'a, à travers les siècles, qu'un frère
qui soit son égal et s'élève d'un vol aussi sublime,
Augustin. Voilà les deux aigles du monde chrétien, et ils ne seraient pas montés si haut, ils
n'auraient pas fixé le soleil d'un regard si intré-
pide, si la sainteté n'avait soutenu l'essor de leur
génie. Thomas d'Aquin est un génie virginal ;
Augustin est un génie purifié, trempé dans les
larmes d'une mère.

I

Il y a, messieurs, de mystérieuses affinités
entre les lumières de l'intelligence et la pureté
du cœur.

On vous explique, en philosophie, l'harmonie

des facultés. Une harmonie semblable existe entre le Vrai, le Beau et le Bien, que nous les considérions en eux-mêmes ou dans l'âme qui cherche à en faire la conquête. Nous ne pouvons les saisir isolément dans toute leur perfection. Aussi Platon disait-il qu'il fallait « philosopher avec son âme tout entière » ; c'est-à-dire s'élever en même temps, au vrai par l'intelligence, au beau par l'imagination, au bien par les ascensions du cœur, et ainsi atteindre Dieu, qui est la source unique et vivante de toute vérité, de toute beauté, de toute bonté.

Dans toutes les œuvres du génie nous devons trouver Dieu, c'est lui qui en fait l'harmonie et la splendeur.

« Les mots sont un miroir, disait saint Augustin, et derrière les mots on voit passer les âmes, et au fond des âmes on voit passer Dieu. » Ces paroles résument toutes les lois de la science, de l'art, de la poésie et de l'éloquence. Un écrivain délicat de nos jours devait redire la même chose, à peu près dans les mêmes termes : « Plus une parole ressemble à une pensée, plus une pensée ressemble à une âme, plus une âme ressemble à Dieu, plus tout cela est beau. » La beauté descend, en effet, de Dieu dans l'âme, et, par la pensée, jaillit de l'âme sur la parole et sur toutes les œuvres du génie. Mais cette splendeur divine de la vérité, de la beauté, n'a tous ses reflets que dans les âmes pures, transparentes. Les âmes sont des prismes que traverse le rayon de Dieu ; si le cristal est terni, flétri, brisé, déshonoré, le rayon ne pénètre point, il se replie sur lui-même emportant sa lumière.

Ces belles paroles de l'Évangile : « *Beati mundo corde, quoniam ipsi Deum videbunt*, heureux les cœurs purs, parce qu'ils verront Dieu, » sont une loi de l'art, en même temps qu'une loi de la vie. Les cœurs purs non seulement verront Dieu dans le ciel, face à face, tel qu'il est, Père, Fils, Esprit-Saint, peuplant sans la diviser l'immensité de la nature divine ; mais, déjà ils le voient ici-bas dans les splendeurs de la création, ils le voient en eux-mêmes, où il se réfléchit comme en un miroir limpide. Oui, mes enfants, on peut aller chercher l'image de Dieu dans les cœurs purs, comme on va chercher l'image du soleil dans la limpidité des lacs. Et, quand Dieu est ainsi présent au fond d'une âme et que cette âme a reçu une intelligence vigoureuse, on a sous les yeux le spectacle ravissant du génie chrétien dans toute sa puissance et tout son éclat ; on a devant soi, sous son regard ravi, le génie lumineux de Thomas d'Aquin.

Mais, lorsque le cœur se laisse envahir par les affections vulgaires, par ce que l'Ange de l'école appelle *les passions ténébreuses*, alors les grandes pensées n'en jaillissent plus, Dieu se retire avec ses inspirations sublimes : il se fait dans l'âme une nuit qui monte peu à peu jusqu'au sommet de l'intelligence, obscurcit le regard, voile l'idéal radieux.

« La perversité des sens, dit un maître éminent de la jeunesse [1], dévore l'homme tout entier
dans son germe et dans sa fleur. Les ressources
de l'amour élevé, les poésies de l'adolescence
prêtes à éclore, les enthousiasmes de la jeunesse,
le sens de l'infini, les forces futures de la raison
virile et la sagesse promise à l'automne de la vie,
tout est perdu d'avance. »

Dans l'intérêt même de vos études, de votre
talent naissant, de tous les germes prêts à éclore
dans vos intelligences, vous veillerez donc, mes
enfants, sur la pureté de vos cœurs, vous aurez
le culte de la beauté morale pour mieux sentir
et mieux rendre la beauté littéraire. Toute tache
vous effrayera, toute ombre vous fera fuir. Vous
respecterez en vous la beauté même de Dieu.

Sur un étang voisin d'une demeure princière
vivait un cygne qui mirait dans l'eau limpide son
beau plumage blanc. Un jour, des enfants, —
cet âge est sans pitié, — dérobant les pinceaux
d'un peintre qui travaillait à décorer le château,
mettent sur les ailes du cygne une couleur noire
et rouge qui les ternit. L'oiseau, honteux de lui-
même et qui ne se reconnaît plus, s'agite inquiet,
presque effaré ; il plonge et replonge pour laver
ses ailes et leur rendre leur première blancheur,
leur premier éclat. Vains efforts ! L'huile a fixé
la tache qui reste ineffaçable. Le lendemain on
trouva le cygne mort sur la rive du lac : le noble

[1] Le Père Gratry.

oiseau n'avait pu survivre à l'injure faite à ses blanches ailes. Je le vis moi-même, et ce souvenir m'est resté comme une image de cette tendance qu'a toute créature à conserver la beauté qu'elle a reçue de Dieu et à protéger en elle-même l'idéal divin sur lequel elle a été formée.

Hélas! combien d'hommes, moins délicats et moins fiers que le cygne, vivent tranquilles sans se préoccuper de leur beauté perdue, de l'idéal divin dégradé, avili dans leur personne!

Leur front n'a rien gardé du chrême baptismal [1].

Vous le verrez en avançant dans la vie, et ce sera là une de vos grandes déceptions. Quand nous sommes jeunes, nous croyons à la beauté de toutes les âmes; mais bientôt nous apercevons presque partout des ombres, des rides, des déchéances et des laideurs, et c'est pour nous un amer désenchantement. — Vous, mes enfants, vous ne serez point de ceux qui perdent leur beauté, vous ne laisserez point sécher à vos fronts cette rosée du matin qui est la grâce baptismale, *caput meum plenum est rore;* vous aurez toutes les délicatesses et toutes les fiertés du cygne, jaloux de la blancheur de vos ailes.

[1] H. de Bornier.

II

Mais la pureté du cœur ne suffit pas au génie,
il lui faut une autre aile pour s'élever et monter ;
il lui faut la foi, que le pape saint Léon nomme
« la vigueur, l'élan, l'essor des grandes âmes :
Fides magnarum vigor mentium ». La foi ouvre
devant l'esprit les horizons mêmes de l'infini, l'intérieur même de l'immensité et de la vie divines.
Baignée dans cette lumière, l'intelligence pénètre
les secrets de l'éternité et les redit à la terre ;
elle saisit toutes les harmonies du monde intelli-
gible et les chante à l'oreille ravie de l'homme.
Ainsi faisait le génie de Thomas d'Aquin, et c'est
là ce qui nous explique les flots de lumière répandus dans ses œuvres.

Savez-vous pourquoi, messieurs, tant d'œuvres
contemporaines, malgré les grands noms qui les
ont signées, n'offrent que des horizons bornés,
des lueurs vagues, rien qui ouvre des chemins
de lumière ? Savez-vous pourquoi, dans notre
siècle, les génies complets sont rares et pourquoi
le talent lui-même s'amoindrit ? C'est que la foi
baisse dans la société et dans les âmes ; c'est que
l'esprit humain ne veut plus relever du Christ, le
vrai roi, le grand illuminateur des intelligences.

Le plus illustre des hommes d'État de l'Angleterre, Gladstone, disait naguère : « Depuis la venue du Messie, le christianisme a marché en tête de la civilisation. Son savoir a été le savoir du monde ; son art, l'art du monde ; son génie, le génie du monde. » Et l'un de nos écrivains, critique éminent, mais étranger, hostile même à toute foi religieuse, n'hésitait pas à faire cet aveu : « Ceux qui nient Jésus-Christ en portent la peine. Prenez les plus grands des modernes antichrétiens, Frédéric, Laplace, Gœthe :. quiconque a méconnu complètement Jésus-Christ, regardez-y bien, dans l'esprit ou dans le cœur, il lui a manqué quelque chose. » C'est Sainte-Beuve qui parlait ainsi. Hélas ! il a été lui-même, malgré son merveilleux goût littéraire, un exemple de plus à mettre sur la liste des incomplets, des amoindris ; il lui a manqué quelque chose, parce qu'il n'a pas voulu adorer le Christ illuminateur, parce qu'il n'a pas voulu incliner son front et sa pensée, l'orgueil de son esprit, devant l'enfant de Bethléem.

Vous, messieurs, vous ne serez point des incomplets, des amoindris ; vous ne découronnerez pas en vous la nature humaine ; vous ferez toujours resplendir au sommet de votre intelligence les lumières supérieures de la foi ; vous adorerez toujours Jésus-Christ, vous n'oublierez jamais le Dieu de votre première communion, le Dieu qui aura réjoui votre adolescence. Comme Thomas d'Aquin, vous irez souvent au Tabernacle puiser des inspirations pour votre pensée, des énergies

pour votre cœur, des joies pour votre vie. Il y
a tout cela dans l'Hostie sainte, et plus encore.
Et la lumière divine, envahissant votre âme,
éclatera en vous comme une aurore : *Erumpet,
quasi mane, lumen tuum.* Vous vous lèverez sur
le monde comme autant d'étoiles, écloses une
à une dans ce ciel de la pensée, aujourd'hui si
ténébreux.

La lumière supérieure de la foi, qui éclairait le
génie de l'Ange de l'école, éclairait aussi son
siècle, ce magnifique XIIIe siècle, l'un des plus
grands siècles de l'histoire, épanouissement merveilleux de la civilisation chrétienne sous l'action
de l'Église.

L'alliance de la raison et de la foi, scellée par
le génie du grand docteur, imprima un essor
puissant à la politique, aux arts et aux lettres.
Le siècle de saint Thomas d'Aquin est aussi le
siècle de saint Louis, qui pouvait dire hardiment :
« Quand l'épée de la France sort du fourreau,
elle lance des éclairs qui donnent à réfléchir à
toute l'Europe, et même quand elle dort à l'ombre
du trône, personne n'ose venir troubler son sommeil ; » le siècle de Notre-Dame de Paris et de
la Sainte-Chapelle, ce bijou en pierre, pétri non
de gloire et d'airain, comme la colonne chantée
par le poète, mais de foi, de piété, d'amour et
de pierres précieuses, *muri tui lapides pretiosi;*
le siècle de Giotto, qui fait penser à Raphaël et
couvre de fresques exquises la basilique d'Assise ;
et enfin le siècle de la grande épopée catholique,

la *Divine Comédie,* poème immense et sonore comme une cathédrale, auquel le ciel et la terre ont mis la main. Lorsque mourut saint Thomas d'Aquin, à l'âge de quarante-sept ans, le 7 mars 1274, Dante avait neuf ans; il grandira, il étudiera l'œuvre du Docteur angélique, à Florence pendant sa jeunesse, à Paris pendant son exil; il en nourrira son propre génie, et un jour la *Somme,* où l'on sent presque partout le germe du sublime frémir sous de brèves et puissantes formules, deviendra la *Divine Comédie* aux strophes harmonieuses, ailées et chantantes.

Dans ce poème immortel, où la pensée voyage à travers ce monde invisible qui nous attend, les thèses savantes de l'Ange de l'école sont transformées en versets rimés et ciselés avec art. Derrière chaque inspiration, il y a un principe; derrière chaque beauté, une doctrine. Sous la couronne du poète, le philosophe se découvre toujours, et Dante n'est si grand que parce qu'il est disciple de saint Thomas. Comme lui, il a une foi vive et ardente; comme lui, sans s'élever jusqu'à l'héroïsme de la sainteté, il a le culte de la beauté morale, le respect de toutes les délicatesses de l'âme. Il maudit le crime partout où il le rencontre, et au lieu de réhabiliter le mal, comme l'a trop souvent tenté la poésie contemporaine et comme le fait tous les jours le roman réaliste, il l'avilit jusqu'au ridicule, il montre dans le méchant et dans l'impie des *sots éternels.* C'est un justicier implacable.

L'esprit moderne tend de plus en plus à s'enfermer dans les horizons visibles. A la suite de son maître, Dante pénètre au delà; il frappe à la porte de l'infini, il en donne le frisson; il est le grand voyant de l'éternité. Vous ne pouvez lire saint Thomas. Le Père Gratry, dans les *Sources*, en recommande cependant la lecture aux jeunes gens. Mais, au moins, lisez son disciple, Dante. En le lisant, vous ferez descendre un rayon d'idéal chrétien sur les réalités de votre vie. Cela est beau et cela est bon. Oui,

> Il est beau de semer les rayons et les flammes
> Dans la funèbre horreur de nos nuits d'ici-bas,
> Et de faire à pleins bords couler Dieu dans les âmes
> Par des canaux d'or pur qui ne s'épuisent pas.

Dante a dit cette belle parole par laquelle je termine, en vous l'appliquant: « Le matin est l'heure où notre esprit est divin dans ses rêves. » Vous êtes, messieurs, au matin de la vie, à cette heure matinale où l'esprit fait des rêves divins, des rêves généreux, des rêves héroïques. Eh bien ! rêvez de conserver votre cœur toujours pur, afin de donner à votre intelligence un essor plus vigoureux ; rêvez de rester toujours fidèles à Dieu, afin de mieux servir votre pays. En rêvant ainsi vous arriverez à la grandeur, car une grande vie n'est qu'un rêve héroïque de la jeunesse, réalisé dans l'âge mûr.

LA MÈRE ET L'ENFANT

—

ALLOCUTION

PRONONCÉE A SAINT-GERMAIN-DES-PRÉS
LE 19 MARS 1895
A LA MESSE CÉLÉBRÉE POUR LE COMITÉ
DES DAMES PATRONNESSES DE LA SOCIÉTÉ D'ÉDUCATION

> *Visitas eum diluculo, et subito probas illum.*
>
> Seigneur, vous visitez le cœur de l'homme dès son aurore, et vous vous hâtez de l'éprouver. »
>
> (JOB, VII, 18.)

MESDAMES,

Marie et Joseph n'eurent pas à faire, au sens rigoureux du mot, l'éducation de l'Enfant divin qui croissait dans l'humble maison de Nazareth. Jésus, comme une belle fleur sous un beau soleil, s'épanouissait de lui-même, montrant à tous les grâces, la sagesse, les vertus qui convenaient à son âge : *Proficiebat sapientia, ætate et gratia apud Deum et homines.* Néanmoins Marie et Joseph, en présidant à l'enfance, à l'adolescence, à la jeunesse de Jésus, le Fils éternel de Dieu, ont mérité à tous les pères et à toutes les mères les grâces d'éducation qui leur sont nécessaires, et ils font descendre chaque jour, dans le cœur des parents, ces intuitions et ces dévouements qui sont le salut des enfants.

La Société générale d'éducation, qui a pour but de soutenir toutes les écoles chrétiennes de la France, s'est placée sous le patronage de saint Joseph, le chef de la sainte Famille. Cette société a voulu aussi, en mémoire de Marie, créer un comité de dames patronnesses qui sont à la fois pour elles un secours et une parure. C'est à ces généreuses chrétiennes, qui comprennent si bien l'importance de l'éducation, que je désire surtout m'adresser aujourd'hui, en expliquant l'une des plus profondes paroles de la Bible. Veuillez me suivre, mesdames, avec une religieuse attention : nul sujet plus digne de vos cœurs.

Malgré la distance qui semble les séparer, la terre est voisine du ciel, et Dieu n'est pas loin du cœur de l'homme. Toute âme humaine, remarque saint Augustin, reçoit ici-bas une triple visite de Dieu.

A l'aurore de la vie, Dieu visite l'âme par l'innocence. Cette première visite est la plus douce ; elle a quelque chose de suave et de tranquille qui ne s'oublie jamais.

Quand l'arbrisseau a grandi, Dieu lui envoie le souffle des passions pour agiter ses rameaux et donner plus de solidité à ses racines : c'est la tentation, c'est l'épreuve, c'est la seconde visite de Dieu, visite mystérieuse qui décide souvent du sort de notre vie et de notre éternité.

Enfin, si le cœur soutient l'épreuve, s'il combat avec courage sous les regards du ciel, s'il reconnaît la main qui se cache dans l'orage pour éprouver sa fidélité, Dieu lui fait, par la victoire une troisième visite, visite glorieuse, visite consolante, où l'on sent comme un avant-goût du repos et des joies de l'éternité bienheureuse.

Telle est, en trois mots, l'histoire de l'âme humaine, l'histoire de l'âme de vos enfants. Nous allons assister à ces trois visites de Dieu, et voir quel est le rôle d'une mère pendant que Dieu visite par l'innocence, l'épreuve et la victoire, l'âme de son enfant.

1

En coulant sur le front d'un enfant, l'eau du baptême en fait un ange, pur et beau comme ses frères du ciel. Sous cette enveloppe fragile, que seules les mains d'une mère peuvent toucher sans la briser, réside une âme immortelle, fille de Dieu, plus radieuse que les rayons du soleil, plus précieuse que la perle cachée au fond des mers. « *Caritate perpetua dilexi te :* Tu es un des rêves de mon amour éternel. » Oui, chacun de nous est une pensée de Dieu réalisée par l'amour.

La beauté de cette âme va bientôt se refléter sur le corps qu'elle anime : au front, la blancheur du lis ; aux joues et aux lèvres, l'incarnat de la rose ; dans les yeux, l'azur de la plus délicate des fleurs. Ces comparaisons n'ont rien de trop gracieux. On peut appeler les enfants les fleurs de la terre, puisqu'un grand poète, Milton, a appelé les anges les *fleurs du ciel*, et qu'un Père de l'Église, parlant à des adolescents, les nommait des *dieux en fleur.*

Le matin de la vie est comme le matin du jour, plein de pureté, de fraîcheur et d'harmonie. Ainsi était la création tout entière quand elle s'envola du cœur et des mains de Dieu, comme un oiseau de son nid, pour aller chanter dans les espaces la gloire du Créateur : *cum me laudarent astra matutina, et jubilarent omnes filii Dei.* Ainsi est tout ce qui commence, tout ce qui s'ouvre à la vie. La bonté divine aime à ménager le jeune âge : elle ne jette pas d'ordinaire sur le front de l'aurore, sur ses teintes gracieuses, les noirs nuages de la tempête.

Alors qu'un enfant porte encore dans tous les rayonnements de sa vie la lumière d'une innocence qu'aucun souffle n'a ternie, oh! alors, que l'enfant est beau à contempler! Il est, dit le poète,

> Si candide et si pur, que l'ange d'innocence
> Baiserait sur son front la beauté de son cœur.

En face de ce trésor qui orne vos foyers, —
et je plains les foyers déserts ! — en face de
ces charmes divins qui sont la parure et la joie
des mères, pendant cette première visite de Dieu
à l'âme de vos enfants, quels sont, mesdames,
vos devoirs ? Il y en a deux :

Le premier est de protéger cette innocence,
de prolonger cette heureuse ignorance du mal,
de retarder le plus possible l'heure toujours
redoutable de l'épreuve. Pour cela, il faut
veiller vous-mêmes sur vos enfants, écarter avec
soin de leur vue tout ce qui pourrait troubler
leur regard, et il y a tant de choses troublantes
dans cette ville impie ! ne laisser arriver à leurs
oreilles aucune parole malsonnante ou équivoque ;
choisir vous-mêmes leurs lectures, quand ils
sauront lire ; les entourer enfin de votre amour
comme d'une cuirasse, et faire autour d'eux une
garde sévère. Il faut que chacun de vos enfants
puisse un jour dire de vous ce que le Père
Gratry a dit de sa mère dans ses *Souvenirs de
jeunesse :* « Je vois, jusqu'à vingt ans et au
delà, l'amour de ma mère me protéger et
m'envelopper comme le manteau de la sainte
Vierge. »

Il n'est pas indifférent, mesdames, pour l'enfant, de pénétrer le mystère de la vie un peu
plus tôt ou un peu plus tard. Brisée trop jeune,
la plante ne se relève plus ou n'aura jamais
qu'une tête languissante. Plus fort, au contraire,
l'arbrisseau supporte mieux les premières se-

cousses du vent ; s'il plie, il ne rompt point et ne cesse pas de dresser vers le ciel des rameaux vigoureux qui se chargeront de fleurs et de fruits. Donc, mères chrétiennes, en prolongeant, ne serait-ce que d'un jour, cette innocence toujours menacée, vous pouvez sauver l'âme et l'avenir de vos enfants. « Ma mère, a dit un grand écrivain qui était aussi un grand chrétien, ma mère, tenant mon âme à l'ombre de ses ailes, l'empêchait, comme une fleur délicate, de s'épanouir trop tôt ; et, prolongeant l'ignorance de mes jeunes années, elle semblait ajouter de l'innocence à l'innocence même. » Heureuse mère ! plus heureux fils !

Tel est le premier devoir d'une mère ; mais ce devoir est, pour ainsi dire, tout négatif. Veiller, abriter, protéger, c'est bien ; mais cela ne suffit pas. Cette âme, qui est une terre vierge, il faut la féconder, l'ensemencer. Tel est votre second devoir : ensemencer l'âme de vos enfants. Dieu lui-même s'appelle un semeur : *Exiit qui seminat seminare.* Et quelle est la semence ? *Semen est Verbum Dei.* La semence, c'est le Verbe même de Dieu. O parole sublime ! c'est le Verbe même de Dieu qu'il faut semer dans l'âme de vos enfants, comme on sème dans le sillon le grain qui doit germer et donner une riche moisson. Et le Verbe de Dieu, nous dit saint Paul, c'est tout ce qui est vrai, tout ce qui est beau, tout ce qui est pur, tout ce qui est grand, en un mot tout ce qui est divin : *Quæ-*

cumque sunt vera, quæcumque pudica, quæcumque justa, quæcumque sancta, quæcumque amabilia.

Mais comment se font ces divines semailles? L'enfant croit à sa mère dont il sent l'amour, et ne croit, pour ainsi dire, qu'à elle. Cette mère est donc toute-puissante pour féconder l'âme de son enfant, en y versant la divine semence. Or, dans cette âme qui s'ouvre à la vie, il y a une intelligence qu'il faut éclairer de toutes les lumières de la foi, un cœur où il faut créer une conscience délicate et forte, une imagination qu'il faut captiver et enchanter.

Cette dernière faculté est, chez l'enfant, la faculté dominante. Vive, capricieuse, vagabonde, elle aime l'éclat, la couleur, tout ce qui brille, tout ce qui est beau. Comment la fixer, la charmer, la christianiser? En lui montrant, avec cette éloquence que Dieu a cachée dans le cœur des mères, toutes les beautés de la religion, toutes les splendeurs de la foi, en la trempant dans les eaux du Jourdain, comme un artiste trempe son pinceau dans l'azur de ses couleurs. Ceci est très important et malheureusement très négligé. Et cependant, Fénelon, qui s'y connaissait, disait dans son beau traité de l'*Éducation des filles,* ouvrage que toutes les mères doivent lire : « Si l'enfant se fait une idée triste et sombre de la vertu, tout est perdu ; vous travaillez en vain. » Et il veut que, pour instruire les enfants, on choisisse dans les histoires de la religion « tout ce qui en donne les images les plus magnifiques, afin qu'ils la trouvent belle, aimable et auguste ».

Un roi philosophe, ami et protecteur de Voltaire, Frédéric II, roi de Prusse, disait : « Séparons la poésie de la foi ; faisons du catholicisme une espèce de hibou, et bientôt les peuples n'en voudront plus. » Le moyen était bon. Mais malgré les railleries du philosophe couronné, le catholicisme n'est pas un hibou ; il est et il restera l'aigle sublime qui se joue dans la lumière, pousse un cri royal et plane au plus haut des cieux. Fixons sur cet oiseau royal les regards de l'enfant ; rendons à ses yeux la religion aimable et auguste ; enchantons sa jeune imagination par la beauté des cérémonies religieuses, les splendeurs du culte catholique, les légendes des saints, les récits des martyrs, les bienfaits et les victoires de l'Église ! On charme ainsi les heures de ses fils et on prolonge leur innocence qui, comme une avenue fleurie, mène au temple auguste où les attend, au banquet sacré, le Dieu de la première communion.

Un jour de première communion, une mère trouvait son fils si beau, si pur, si semblable aux anges du ciel, qu'elle me disait dans l'égarement de sa joie : « Mon père, je voudrais que Charles, — c'était le nom de son fils, — eût douze ans toute sa vie ! » vœu naïf, comme il en sort du cœur des mères. Cette mère aurait voulu pouvoir arrêter, sur la tête de son fils, le vol du temps, afin de fixer dans son cœur l'innocence tranquille de ses jeunes années et les joies radieuses de sa première communion. Mais, hélas ! le torrent de la vie nous emporte ; nous ne pouvons ni remonter son cours, ni arrêter ses ondes. Il faut avancer !

II

Un jour arrive où sur cette eau limpide tombe une pierre qui en ride la surface et en trouble la pureté ; un jour arrive où dans ce ciel bleu retentit un coup de tonnerre, précurseur de l'orage ; c'est la tempête qui s'annonce, c'est la tentation, c'est l'épreuve, c'est Dieu qui vient faire sa seconde visite, porté sur l'aile des vents, *super pennas ventorum.*

Pourquoi, se demande notre cœur inquiet et attristé, l'épreuve vient-elle troubler la sérénité de cette jeune âme qui sommeille dans l'innocence ? Pourquoi cet orage, en menaçant l'âme de leurs fils, vient-il faire trembler le cœur des mères ? En un mot, pourquoi la tentation ? Il y a là un mystère de Dieu que je pourrais vous expliquer, si le temps le permettait. Vous comprendriez que l'épreuve a un but providentiel ; vous verriez comment elle révèle l'homme à lui-même, comment elle le grandit et comment elle honore Dieu. Mais je suis obligé de précipiter ma parole.

Pendant l'épreuve, au milieu de la tentation, à cette heure où le ciel de l'âme s'assombrit, heure critique qui s'annonce par de secrètes inquiétudes, de vagues pressentiments, et où l'enfant semble fuir sa mère pour se renfermer dans une solitude dangereuse ou errer seul à l'aventure, — rappelez-vous saint Augustin dans ses *Confessions,* « errant seul et fuyant sa mère, » — quels sont alors les secours qui restent à cette jeune âme inexpérimentée pour la protéger et la sauver ?

Dieu d'abord : *Deus non creavit et abiit,* dit saint Augustin ; Dieu, après avoir créé, ne s'est pas en allé. Dieu reste auprès de chacun de nous : *Nihil longe est a Deo.* Oui, Jésus est là avec son amour pour la jeunesse : *Intuitus eum dilexit.* Comme ce prince français qui se transportait toujours sur le point du champ de bataille où la mêlée était la plus sanglante, c'est dans le cœur du jeune homme que Dieu aime à contempler la lutte du bien contre le mal, à voir une jeune âme faire ses premières armes, parce que là la lutte prend un caractère plus beau et plus héroïque, et Dieu aime l'héroïsme.

Outre cette intervention générale de Dieu qui ne manque jamais à l'homme, il y a pour l'âme de vos enfants, assaillie par l'épreuve, trois secours particuliers qui sont votre œuvre, mesdames ; les principes chrétiens que vous leur avez donnés, votre souvenir, vos prières mêlées de larmes.

Ces principes servent de lest au cœur ballotté ; ils font la force de l'âme et lui assurent la victoire, quand ils ont eu le temps d'y jeter de profondes racines, à l'ombre de votre vigilance qui retardait l'heure de l'épreuve, retard salutaire et presque nécessaire. On l'a dit avec un accent d'amère tristesse :

> Le cœur de l'homme vierge est un vase profond :
> Lorsque la première eau qu'on y verse est impure,
> La mer y passerait sans laver la souillure,
> Car l'abîme est immense, et la tache est au fond.

Oui, quand la vie a commencé au milieu des orages, le reste de son cours passe en vain sous un ciel pur ; le fleuve demeure teint des eaux de la tempête qui l'ont troublé dans sa source. Si, au contraire, les débuts de la vie ont été purs, si les semences de la foi ont eu le temps de germer et de grandir, le jeune homme ne connaîtra point les écarts, ou, s'il s'égare un moment, il ne tardera pas à décrire une courbe rentrante qui le ramènera au point d'où il était parti.

A côté de ces principes, il y a dans l'âme de vos fils, mesdames, pour les protéger, votre souvenir ; et le souvenir d'une mère chrétienne est pour son enfant une grâce, une force, un secours puissant. L'histoire des plus belles âmes l'atteste. Un jeune étudiant isolé dans Paris, pense à sa mère absente, et il écrit à un de ses amis : « Je vis dans la présence réelle de ma mère... Quand je suis bon, quand je suis en repos avec Dieu, je vois qu'elle me sourit de loin. Quelquefois, si je prie, je crois écouter sa prière qui accompagne la mienne, comme nous faisions ensemble le soir au pied du crucifix. »

Un autre, emporté loin de sa patrie par le flot des révolutions, écrit à son frère : « Ma mère était un ange à qui Dieu avait prêté un corps... A six cents lieues de distance, les idées de famille, les souvenirs d'enfance, me ravissent de tristesse. Je vois ma mère qui se promène dans ma chambre avec sa figure sainte, et, en t'écrivant ceci, je pleure comme un enfant. »

Un troisième, dans ses *Mémoires*, nous raconte que le souvenir de sa mère, morte en pleurant sur lui et sur son incrédulité, le ramena à la foi de son enfance : « Ma conviction est sortie du cœur, j'ai pleuré et j'ai cru !... Bénie soyez-vous, ô ma mère, de qui je tiens ce qui peut avoir honoré et discipliné ma vie ! »

Je pourrais multiplier ces faits glorieux pour les mères et les fils ; il me suffit de vous avoir cité Ozanam, de Maistre, Chateaubriand, trois beaux génies chrétiens qui avouent être redevables à leurs mères de l'honneur de leur jeunesse et des meilleures inspirations de leur cœur.

Mais si vous voulez, mesdames, que votre souvenir soit puissant sur l'âme de vos fils, il faut vous-mêmes penser à eux devant Dieu et répandre au pied des autels vos prières et vos larmes. « Sa jeunesse lui fait du bruit, il n'entend pas, » disait Mme de Sévigné en parlant de son fils. Mais, s'il n'entend pas, Dieu entend. Les prières d'une mère arrivent toujours au cœur de Dieu ; ses larmes montent au ciel et se changent en une rosée qui retombe sur l'âme de son fils pour y calmer le feu des passions. Et tôt ou tard vient un jour où cette mère, désolée peut-être par les égarements de son fils, entend un prêtre lui dire : « Femme, rassurez-vous, le fils de tant de larmes ne saurait périr. » Tôt ou tard le nouvel Augustin trouve un autre Ambroise ; et comme dans un jeune homme, même chez celui dont l'âme n'est plus qu'une pauvre lyre brisée, il y a toujours des cordes prêtes à vibrer sous le coup d'archet d'une parole émue, sympathique, élevée, généreuse, cette âme reconnaît la voix du Christ dans la voix de son ministre, elle pleure ses égarements et revient au Dieu de sa mère et de sa première communion. « Et, remarque Lacordaire, — je cite ces paroles pour la consolation de bien des mères, — l'œil seul de Dieu sait ce qu'il aime le mieux, du jeune homme qui n'a jamais failli, ou du jeune homme qui a retrouvé l'honneur et l'amour dans l'expérience du mal. »

III

Alors, Dieu vient faire à l'homme sa troisième visite. La première, c'était l'innocence; la seconde, c'était l'épreuve ; la troisième, c'est la victoire, c'est-à-dire la domination sur nos passions, frémissantes encore peut-être, mais impuissantes. L'âme est parvenue à la virilité chrétienne. Elle a sondé le mystère du mal et n'y a trouvé que des amertumes ; elle connaît la vanité des plaisirs, le vide des joies du monde ; elle sait, par expérience, que loin de Dieu il n'y a pour elle ni beauté ni bonheur. Esclave peut-être des sens pendant un temps, elle a repris l'empire et commande, « semblable à un jeune roi qui vient d'être placé sur le trône de ses pères, et qui, au sortir de la basilique où l'onction royale l'a touché, trouve toutes les têtes inclinées devant lui et tous les cœurs enivrés d'obéir au moindre de ses regards. Si les illusions passées remontent encore à l'imagination surprise, elles y rencontrent une double garde, celle de la raison tout illuminée des éclairs de la foi, et celle de la volonté fortifiée des commandements divins. »

A ce moment désiré de la vie où la sérénité revient au cœur troublé du jeune homme qui, après des hésitations, des écarts même, a enfin fixé ses pas dans la voie qui mène à Dieu, quelle n'est pas la joie d'une mère ! Ses vœux sont exaucés, ses inquiétudes sont passées ; elle a vieilli, peut-être, dans ses larmes et ses angoisses, mais sa vieillesse sera heureuse et tranquille, parce qu'elle voit son fils prier avec elle, et contemple sur ce front tant aimé cette nuance de beauté que donne le repentir. Elle s'endormira avec confiance dans la tombe, parce qu'elle sait que son fils la suivra un jour au ciel.

Une mère souriait sur son lit de mort, au milieu de ses enfants en pleurs. « Mère, pourquoi souriez-vous à nos larmes ? demanda l'un d'eux. — Mon enfant, répondit la mère, je vais au ciel vous attendre et vous préparer une place. »

> Les mères vont aux cieux, elles ne meurent pas,
> Chaque ange gardien est l'âme d'une mère,

dit le poète pour nous rappeler cette présence invisible de la mère à côté de son enfant.

Tout ce que je vous ai dit, mesdames, et tout ce qui a échappé à ma pensée et à ma parole ou que le temps ne m'a pas permis de développer, se résume dans l'histoire de deux âmes sublimes, sainte Monique et saint Augustin. Ce drame admirable, vrai poème de l'amour maternel, poème plus beau que l'*Iliade* et l'*Énéide*, poème que n'eût pu concevoir le génie d'Homère et de Virgile, a été écrit par Augustin lui-même sous le titre de *Confessions*. En le lisant, vous apprendrez qu'une mère peut toujours, si elle veut, sauver l'âme de son fils ; vous verrez Monique assister aux trois visites de Dieu à l'âme de son enfant et toujours y remplir sa mission maternelle. Vous la contemplerez dans cette scène sublime fixée sur la toile par le pinceau d'Ary Scheffer, le grand peintre des âmes.

La mère et le fils sont auprès l'un de l'autre, à ce moment si doux de leur vie où Augustin, le grand vaincu des larmes maternelles, a retrouvé le calme du cœur et la sérénité du regard. C'était à Ostie. Devant eux, au loin, la mer s'empourprait des rayons du soleil couchant ; la Méditerranée resplendissait comme un manteau royal, l'air pur et balsamique portait de vagues harmonies. Peu à peu ces teintes vives s'effacent, la nuit succède au crépuscule, et les étoiles éclosent une à une dans le firmament, comme des boutons d'or le long des champs.

« Devant ce spectacle grandiose, dit Augustin dans ses *Confessions*, nos pensées se recueillaient, toutes les sensations et les créatures se taisaient en nous ; nous nous élevions par degrés au-dessus des bruits et des choses de la terre ; nous montions de ce monde des corps plus haut, toujours plus haut, sur l'échelle de la contemplation ; de

sorte qu'il semblait que par cet élan de nos
âmes, par ce bond de nos cœurs, *ictu cordis*,
nous touchions à l'infini et que Dieu seul habitait en nous. Et dans ce rêve sublime, dans ce
ravissement, dans cette extase, ma mère, posant
sur moi son regard profond, s'écria : Mon fils,
mon Augustin, quand irons-nous au ciel ? »

Ce fut le dernier coup de soleil de l'âme de
Monique sur l'âme d'Augustin.

Heureux l'homme à qui Dieu donne une sainte mère !

LE FOYER CHRÉTIEN

ALLOCUTION

PRONONCÉE A SAINT-GERMAIN-DES-PRÉS
LE LUNDI 20 MARS 1893, JOUR DE LA FÊTE DE SAINT JOSEPH,
A LA MESSE CÉLÉBRÉE POUR LE COMITÉ CATHOLIQUE
ET LA SOCIÉTÉ D'ÉDUCATION

> *Dicebamque : In nidulo meo moriar, et sicut palma multiplicabo dies.*
>
> Et je disais : Je mourrai dans mon nid, et comme le palmier je multiplierai mes jours.　　(JOB, XXIX, 28)

MONSEIGNEUR [1],
MESSIEURS,

Ces paroles de Job, qui ne les a répétées dans son cœur, en pensant au foyer domestique, à ce nid sacré de nos amours et de nos douleurs, où il est si doux de vivre et presque aussi doux de mourir?

Tout être a un foyer, c'est-à-dire un lieu de repos où la vie lui est plus facile et plus douce. Pour l'oiseau, c'est son nid ; pour la fleur, c'est le vallon qui l'abrite et qu'elle remplit de son

---

[1] Mgr Sonnois, archevêque de Cambrai.

parfum ; pour nous c'est l'intérieur de la famille, ce sont ces quatre murs qui protégèrent notre berceau et où, chaque soir, le père trouve le repos et l'allégresse, où la mère berce au souffle de son amour les premiers rêves de ses fils.

La souveraineté a ses palais, la religion a ses temples, la famille devait avoir ses foyers. Et Dieu, qui a tout fait dans le monde, les choses les plus humbles comme les plus éclatantes, le brin de mousse qui orne le front du rocher comme l'étoile qui scintille au front des cieux ; Dieu a voulu, pour ainsi dire, poser lui-même de ses mains la pierre du foyer, afin qu'elle résistât à tous les coups et survécût à toutes les ruines. Et, non content de l'avoir posée, il a voulu la sanctifier, et, pour qu'elle fût aussi sacrée que le parvis du sanctuaire, il a fait Nazareth.

Arrêtons-nous devant ce seuil : les pieds d'un Dieu l'ont touché ; il est aussi saint que la crèche de Bethléem, aussi saint que le tombeau de la résurrection, aussi saint que le trône de l'Éternel. Entrons dans cette maison, relique sacrée que les anges devaient un jour emporter sur leurs ailes ; là jaillit, pure et profonde, la source de toute bénédiction qui doit, jusqu'à la fin des siècles, descendre sur le front de la famille chrétienne.

Si, en ce jour consacré à honorer saint Joseph, le chef de la sainte Famille et le Patron choisi par vous, je vous invite, messieurs, à pénétrer un moment dans l'humble maison de Nazareth, c'est que le but de toutes vos œuvres, — œuvres de foi et de prières, œuvre du repos dominical, œuvres d'éducation et d'enseignement, œuvres d'économie sociale, — est de créer des familles chrétiennes, qui seules peuvent sauvegarder les individus et donner une base solide à notre société ébranlée jusque dans ses fondements. C'est sur ce point que voulait attirer votre attention Son Éminence le cardinal archevêque de Paris, lorsqu'il disait naguère, dans son mandement de Carême : « Heureuses les nations où se multiplient les familles vraiment chrétiennes ! Car la famille sera toujours le fondement de toute société, et les lois seront impuissantes à suppléer à l'institution divine. »

L'esprit de famille s'en va, c'est le cri universel. La littérature, le théâtre, les idées, les mœurs, le luxe, la législation, tout conspire à renverser ce sanctuaire béni du foyer. Le progrès matériel lui-même, avec les transformations qu'il impose, concourt à ce travail de destruction, à Paris surtout. Comme elles sont vraies et remplies d'une mélancolique tristesse, ces paroles d'un illustre écrivain qui était en même temps un grand chrétien et un admirable père de famille, ainsi que l'atteste sa *Correspondance,* où viennent rire et pleurer toutes les joies et toutes les douleurs du foyer domestique :

« Le Paris nouveau, disait-il, n'aura jamais d'histoire, parce qu'il n'aura point de foyers. Où seront les lieux historiques, les demeures illustres, les grands tombeaux ?

« Qui habitera la maison paternelle? Qui connaîtra encore la chambre où il entendit un premier cri, où il reçut un dernier soupir? Qui pourra poser son front sur l'appui d'une fenêtre où, jeune, il aura fait ces rêves éveillés qui sont la grâce de l'aurore dans le jour long et sombre de la vie? O racines de joies arrachées de l'âme humaine! Le temps a marché, la tombe s'est ouverte, et le cœur qui battait avec mon cœur s'est endormi jusqu'au réveil éternel. Pourtant quelque chose de mes félicités mortes habitait encore ces humbles lambris, chantait encore à cette fenêtre. J'ai été chassé de là, un autre est venu s'installer là; puis ma maison a été jetée par terre, et la terre a tout englouti, et l'ignoble pavé a tout recouvert. Ville sans passé, pleine d'esprits sans souvenirs, de cœurs sans larmes, d'âmes sans amours! Ville des multitudes déracinées, mobile amas de poussière humaine, tu pourras grandir et devenir la capitale du monde; tu n'auras jamais de citoyens!

« Il te manque le foyer, l'asile sacré et inviolable des souvenirs, des joies, des espérances et des douleurs, qui trompent le cœur de l'homme et le rendent plus fort que le diamant[1]. »

Ces paroles attristées, qui signalent le péril social, issu de cette disparition ou de cette mobilité du foyer domestique, ne doivent pas nous décourager, nous chrétiens, qui portons au fond

---

[1] Louis Veuillot.

de notre pensée l'image douce et radieuse de Nazareth. Comme l'Église de Dieu, la famille chrétienne est indestructible et impérissable. Pour se bâtir un nid, il suffit à l'oiseau d'une petite branche agitée par les vents ; pour se faire un foyer chrétien, il suffit d'une pauvre mansarde, pourvu qu'on mette sur les murs un crucifix et une image de Marie : Dieu et la Vierge ! le pardon et le sourire, le courage et la confiance !

Le grand moyen, en effet, de rendre toute sa solidité à cette auguste institution de la famille aujourd'hui si fortement ébranlée, c'est de sanctifier le foyer domestique en y faisant entrer Dieu lui-même. Il faut, selon une belle parole de saint Augustin, faire de sa maison un nouveau Nazareth : *Sit domus tua Nazarea !*

Lacordaire disait un jour que le plus beau spectacle que la terre pouvait offrir au ciel, c'était « un grand cœur dans une petite maison ». Est-ce le souvenir de Nazareth qui lui inspira cette magnifique pensée ? Aucun toit, en effet, n'abrita jamais plus grands cœurs : le cœur d'un Dieu, le cœur immaculé de Marie, et le cœur de Joseph, ce cœur rempli de toutes les justices : *Vir justus.* Le foyer chrétien recevait sa consécration de ces trois nobles cœurs, surtout du cœur de Jésus. Et jusqu'à l'heure où nous prendrons possession de notre héritage dans l'infini, jusqu'au moment où nous hériterons de Dieu au foyer de l'éternité, nous avons besoin d'hériter, au foyer de la famille, de ce doux reflet de là face et du cœur d'un Dieu, qui éclairait Nazareth.

Mais comment asseoirons-nous Dieu à notre foyer aimé, Dieu, ce pèlerin infatigable, qui voyage dans le temps et heurte au seuil de toute âme et de toute demeure : *Sto ad ostium et pulso?*

Nous donnerons à Dieu sa place au foyer de la famille, d'abord par la prière. L'homme n'est le roi de la création et n'a toute sa grandeur que lorsqu'il est à genoux devant Dieu pour le prier. L'histoire nous parle d'une mystérieuse statue qui était dans les déserts de la Libye : elle se dressait silencieuse au milieu de cette vaste et uniforme solitude ; mais voici que le soleil se lève sur le lointain horizon du désert, son premier rayon tombe sur la statue, et des sons harmonieux résonnent à l'intérieur. Tel est le cœur de l'homme. La création n'est pour lui qu'un désert muet et morne ; mais tout à coup un rayon part de cet océan de lumière qui est Dieu ; le soleil matinal de l'éternité luit sur la face de l'homme, et une harmonie divine chante dans son âme : *Notre Père qui êtes aux cieux!* L'homme prie.

Mais, si la prière de l'homme solitaire rend un son si harmonieux, quel concert divin ne s'élève pas du foyer, lorsque la famille entière est à genoux et que la voix pure des enfants s'unit à la voix grave du père, de la mère, de l'aïeul et des serviteurs ! Les anges prêtent l'oreille, et Dieu écoute. Dans la famille vraiment chrétienne, la prière du soir est comme une fête quotidienne. La journée finie, le père assemble ses enfants et ses serviteurs. Tous s'agenouillent humblement devant l'image du Dieu Sauveur, chère et précieuse relique léguée par les ancêtres dont elle a entendu les vœux, béni les joies et les larmes, et aux pieds de laquelle une main pieuse a gravé ces mots consolants :

> Vous qui pleurez, venez à ce Dieu, car il pleure ;
> Vous qui souffrez, venez à lui, car il guérit ;
> Vous qui tremblez, venez à lui, car il sourit ;
> Vous qui passez, venez à lui, car il demeure.

La prière s'achève dans le repentir, l'espérance et l'amour, et chacun se relève heureux, content, parce que Dieu est descendu au foyer pour le bénir, comme il bénissait Nazareth. Mais, pour que Dieu descende ainsi avec ses meilleures bénédictions, la prière isolée ne suffit point, il faut la prière commune, qui est la véritable prière de la famille. C'est à l'adresse de la famille que Jésus a dit ces paroles de l'Évangile : « Quand vous serez réunis deux ou trois en mon nom, je serai au milieu de vous. » Mais il faut être réunis, il faut prier en commun. Le texte est formel : « *Tres congregati, id est, pater, mater et filius.* Et ces trois dont parle l'Évangile, dit Clément d'Alexandrie, sont le père, la mère et l'enfant. »

Dans les familles chrétiennes, la prière en

commun était autrefois suivie d'une lecture pieuse faite dans la *Vie des Saints,* ces héros du christianisme, ces vrais grands hommes de l'humanité régénérée. Cet usage est aujourd'hui presque oublié; mais il fut un temps, en France, où les saints étaient connus et aimés. Dans chaque maison, le livre de la *Vie des Saints* avait sa place marquée, et il se trouvait tous les soirs, avant ou après la prière, entre les mains du père de famille, qui y faisait une lecture. Les enfants, suspendus à ses lèvres, écoutaient avec avidité les récits magnifiques, les traits touchants, les légendes gracieuses, les détails parfois charmants qui remplissent l'histoire des héros de la foi et en font une espèce de poème en mille chants.

Cette lecture, qui souvent provoquait des questions et des entretiens édifiants, avait pour résultat d'agrandir, d'élever, de fortifier les cœurs, de développer les instincts généreux, de faire épanouir les vertus chrétiennes, de susciter les résolutions magnanimes. *Exempla trahunt.* On apprenait des saints à aimer Dieu jusqu'à l'oubli de soi-même, comme un saint Jean de la Croix ou une sainte Thérèse; à aimer le prochain avec un dévouement sans bornes, comme un saint Jean de Dieu ou un saint Vincent de Paul; à verser son sang pour ses croyances ou pour la défense de l'Église, comme les martyrs et les croisés de tous les siècles. Ce sont les traditions de ce genre qui faisaient les foyers chrétiens, les

familles bénies, les races fortes, et qui avaient
mérité à notre pays le surnom glorieux de *soldat
de Dieu*.

Depuis qu'un illustre chrétien, dans sa belle
Histoire de sainte Élisabeth de Hongrie, a
indiqué la vraie manière d'écrire la vie des
saints et donné un modèle achevé, d'autres ont
suivi ses traces, et nous avons aujourd'hui, dans
notre littérature chrétienne, des œuvres admirables, œuvres pieuses et suaves, chefs-d'œuvre
de goût et de style, où rayonne l'âme du saint,
du martyr ou de la vierge, cette âme sur laquelle
brille ce que saint Augustin a si bien nommé
« les armoiries de l'éternité ». Allez, messieurs,
à ces eaux pures et vivifiantes ; inspirez à vos fils
et à vos filles l'attrait des saintes lectures, afin
qu'ils ne se laissent jamais prendre aux charmes
dangereux du roman et du livre frivole.

La prière faite, la lecture terminée, le père et
la mère bénissaient leurs enfants. Cette bénédiction aussi n'est plus, hélas ! qu'un souvenir. Et
cependant, messieurs, elle touche à ce qu'il y a
de plus élevé dans vos grandeurs domestiques,
de plus sacré dans vos intérêts, de plus intime
dans vos affections, et elle a son histoire qu'une
plume délicate retraçait naguère[1].

La couronne que Dieu a mise au front du père
et de la mère est une couronne royale et sacerdo-

____

[1] Mgr Baunard, recteur de l'Institut catholique de Lille.

tale, *vox regale sacerdotium*, et leurs mains sacrées comme celles du prêtre portent avec elles ce qu'il y a de plus doux dans ce monde, la bénédiction, et ce qu'il y a de plus terrible, la malédiction. Un père et une mère peuvent bénir, ils pourraient maudire.

Adam étend sa main contre Caïn, déjà maudit par le Seigneur, et Caïn fugitif et vagabond sur la terre, *vagus et profugus in terra*, y promène pendant des siècles ses membres tremblants et son front courbé sous le poids d'une double malédiction. Noé étend sa main contre le second de ses fils, et cette malédiction pèse encore sur la postérité de Cham, qui cache dans la solitude des déserts son front noirci comme si la foudre du ciel l'avait frappé. Cette imprécation formidable de la malédiction, ressource dernière de l'autorité bravée et de l'amour méconnu, est un arrêt presque toujours sans appel, et la justice divine, obéissant à la voix de sa créature, se fait l'exécutrice de la fatale sentence. *Maledictio matris eradicat fundamenta;* la malédiction d'une mère, nous dit l'Esprit-Saint, comme un feu dévorant, brûle jusqu'aux racines mêmes de la vie. J'ai rencontré, dans ma première jeunesse, un homme sur qui le malheur semblait s'acharner, frappant à coups redoublés et terribles ; j'appris un jour que cet infortuné, sur qui passait et repassait inexorable, la justice de Dieu, avait été maudit par sa mère en des circonstances épouvantablement tragiques.

Mais si la malédiction est un feu qui dévore, la bénédiction est une rosée qui féconde : *sicut ros super herbam.* La vie fleurit, la famille étend ses racines et multiplie ses rameaux. *Benedictio patris firmat domos filiorum.* Rappelez-vous ces scènes touchantes de la vie des patriarches, que vous avez apprises dans votre enfance : Isaac et Jacob, David et Tobie, en étendant leurs mains sur la tête de leurs enfants, y font descendre les bénédictions du ciel. Saint Ambroise a écrit un livre sur la bénédiction des Patriarches : *de Benedictionibus Patriarcharum.* Avant de venir vous parler, j'ai voulu relire cet opuscule. Rien de plus suave que ces pages émues. On y voit que celui qui est béni de son père et de sa mère est béni de Dieu ; que, sous cette rosée céleste, la piété fleurit, la vertu donne ses fruits, les moissons couvrent les champs paternels et les troupeaux eux-mêmes sont plus féconds.

Mais, depuis que Jésus lui-même a béni les petits enfants, étendant ses mains divines sur leurs têtes innocentes et caressant leurs fronts candides, la bénédiction est devenue plus sacrée et plus auguste encore. Aussi la voyons-nous pratiquée à travers les siècles chrétiens.

Saint Louis mourant étend sur la tête de son fils sa main défaillante et lui dit : « Beau cher fils, je te donne toutes bénédictions que bon père peut donner à son fils. » Le jeune Bayard, tout équipé et prêt à monter à cheval, va fléchir le genou et courber le front sous la main de son père et de sa mère, avant de quitter le château paternel, pour aller sur vingt champs de bataille conquérir le titre glorieux de *Chevalier sans peur et sans reproche*. L'illustre chancelier Gerson nous raconte que, dans son enfance, chaque soir, il défilait le premier devant la bénédiction de son père et de sa mère, comme l'aîné de onze frères et sœurs : petite famille charmante qui rappelle la postérité de Jacob. Même en nos jours abaissés, cet usage n'est pas entièrement perdu. Le comte de Nédonchel, — que connaissent tous ceux qui ont lu l'*Histoire d'une âme*, livre exquis récemment publié, — donnait tous les soirs sa bénédiction à ses enfants en leur disant adieu, et l'une de ses filles, Mathilde, est allée mourir à Rome en odeur de sainteté, à l'âge de vingt-cinq ans.

Remettez donc en honneur, messieurs, dans vos familles, ce saint usage de la bénédiction paternelle et maternelle. Quand, après la prière, les enfants se seront approchés de vous pour vous donner le salut du soir, placez un instant votre main sur leur tête et tracez du doigt la croix sur le front de chacun, en disant : « Dieu te bénisse, mon enfant ! »

Ainsi bénis, vos enfants auront pour vous un respect qui touchera à la vénération. Et à l'ombre de ces bénédictions unies aux bénédictions de Dieu, la famille chrétienne, modelée sur Nazareth, s'avancera joyeuse des rives du temps aux rives de l'éternité, sans trouver trop lourde « cette longue chaîne des espérances trompées » que tout homme ici-bas traîne après lui. Et, aux jours de la vieillesse, vous vous consolerez de voir l'ombre du foyer s'allonger et son soleil pâlir pour vous, en pensant à ce foyer éternel, à cette demeure permanente, dont le soleil ne s'éteint pas, et où nous retrouverons Nazareth agrandi et peuplé de tous les frères de Jésus réunis pour jamais sous le regard de Dieu, de Marie et de Joseph.

II

Le Courage chrétien dans la vie militaire

—

La Femme chrétienne et l'Ame française

—

Immortalité de la France chrétienne

—

Les Victimes du Bazar de la charité

LE
COURAGE CHRÉTIEN

DANS LA VIE MILITAIRE

—

DISCOURS

PRONONCÉ A NOTRE-DAME-DES-VICTOIRES
A LA MESSE DE DÉPART, LE 14 NOVEMBRE 1892

———

> *State in fide, viriliter agite.*
> Soyez fermes dans la foi, et vous serez
> énergiques dans les œuvres.
> (S. PAUL.)

ÉMINENCE [1],
MESSIEURS,

Un général, dont le nom a éclaté dans la
gloire et semble même prédestiné à l'auréole,
a voulu que l'on gravât sur sa tombe ces
simples mots : *Miles Christi,* « Soldat du
Christ. » Est-ce à dire qu'il ne fut point le
soldat de la patrie ? Non, messieurs, non ; nul
au contraire n'a mieux aimé la France que le

———

[1] Le cardinal Richard, archevêque de Paris..

général de Sonis ; nul ne l'a plus héroïquement servie, nul n'a mieux réalisé le type traditionnel du soldat français. En dictant l'épitaphe qui devait marquer son tombeau, il voulait rappeler à la génération présente que la foi est la source des grandes pensées et des grandes actions, et que l'on devient aisément un héros lorsqu'on est un chrétien convaincu.

Cette foi chrétienne, vous aussi, jeunes gens, vous devez en faire l'âme de votre vie militaire. Pour cela, il faut allumer dans vos cœurs la flamme sainte qu'on nomme le courage chrétien, ce courage qui fait le vrai soldat du Christ, *miles Christi*, et qui prépare en même temps à la patrie des défenseurs au cœur héroïque.

Appelé à l'honneur de vous parler en ce moment suprême, qui est pour vous comme la veillée des armes des anciens chevaliers, — veillée faite sous le regard d'un prince de l'Église dont le cœur paternel, ouvert à l'espérance, s'incline vers vous comme sur le berceau d'une France nouvelle, — je n'ai pas trouvé de sujet plus actuel que le courage chrétien, parce que je sais que vous traverserez, sans péril pour vos âmes, la caserne et le champ de bataille, si vous avez toutes les fiertés, toutes les énergies, toutes les audaces de votre foi.

Une autre raison encore m'a déterminé dans le choix du sujet. Par une heureuse coïncidence, l'Église célèbre aujourd'hui la fête d'un saint illustre qui traversa la vie militaire, avant de devenir le grand apôtre des Gaules, saint Martin de Tours.

Fils d'un vétéran, Martin, dès l'âge de seize ans, malgré ses aspirations à la vie monastique, dut s'enrôler dans l'armée romaine. Il y passa neuf ans, inspirant à tous le respect par sa bravoure militaire et par l'héroïsme de sa foi chrétienne. Il ne quitta les camps que pour aller dans le cloître préparer à la Gaule le plus grand de ses évêques, le plus infatigable de ses apôtres, le plus étonnant de ses thaumaturges. Son tombeau devint l'un des quatre pèlerinages du monde chrétien, et lui-même fut choisi comme patron par les armées catholiques. Avant même l'oriflamme de saint Denis, la chape de saint Martin fut le premier drapeau national de France ; portée dans les batailles, elle enflammait les cœurs et garantissait la victoire.

Vous ne pouvez donc pas, messieurs, placer votre vie militaire sous un meilleur patronage. Le souvenir de saint Martin, mieux encore que ma parole, vous rappellera que l'on doit, jusque dans les camps, professer hautement sa foi, et qu'il n'y a même pas, pour le courage chrétien, de plus noble théâtre.

Le courage chrétien, comme le courage militaire, consiste :

D'abord, à être fier de son drapeau ;

Ensuite, à le défendre hardiment ;

Enfin, à le rendre conquérant. Vaincre, c'est avancer.

I

Le drapeau du chrétien, son étendard, c'est la croix ; étendard glorieux s'il en fut jamais : glorieux par son origine, glorieux par ses victoires passées, glorieux par les espérances renfermées dans ses plis flottants, entre ces deux grands bras qui ont sauvé le monde et qui le sauveront encore.

Dieu, messieurs, se plaît à braver la sagesse humaine, toujours si courte dans ses vues et pourtant si orgueilleuse dans ses prétentions ; et il choisit ce qui est faible pour confondre ce qui est fort : *Infirma elegit Deus ut confundat fortia.* Ce procédé divin ne se montre peut-être nulle part aussi clairement que dans le choix, pour étendard, d'un instrument de supplice. Dieu seul pouvait concevoir et réaliser un dessein si surprenant, si audacieux, prendre un gibet, et le rendre sacré comme un sceptre, glorieux comme un drapeau, étincelant comme un glaive.

Cette croix teinte du sang d'un Dieu, cette croix qui est à la fois un sceptre, une arme et un étendard, voyez-la aux mains des Apôtres. L'épée de César lance moins d'éclairs, parcourt moins d'espace, subjugue moins de peuples. Un siècle est à peine révolu, et déjà le christianisme a pénétré partout ; il est allé plus loin que les légions romaines ; il a envahi, à leur insu, le palais même des Césars. et Tertullien dira bientôt : « Nous sommes d'hier, *hesterni sumus,* et déjà nous remplissons tout, même vos camps, *castra ;* nous ne vous laissons que vos temples. »

Le premier païen baptisé avait été un soldat, un officier romain, le centurion Corneille. En versant l'eau sainte sur son front, à Césarée de Palestine, saint Pierre, au nom du Christ, baptisait, pour ainsi dire, toutes les armées chrétiennes de l'avenir. Bientôt on vit des légions entières composées de chrétiens, comme la légion Fulminante et la légion Thébéenne ; et quand Dieu voulut convertir l'empire lui-même, c'est au front d'une armée qu'il fit flotter le labarum.

Comme les légions de Constantin, les hordes barbares s'inclineront devant la croix et en marqueront leur glaive pour le rendre juste et clément dans les combats. Et désormais dans l'histoire, tout ce qui sera beau, grand, héroïque, fécond, sera chrétien et devra sa grandeur au christianisme lui-même. Tous les fronts glorieux seront marqués du signe de la croix.

Cela est surtout vrai chez nous Français, où toutes les gloires nationales sont des gloires chrétiennes. Avec Clovis, la France est baptisée, c'est-à-dire marquée du signe de la croix ; avec Charlemagne, elle combat pour le Christ, et le poète a raison de mettre sur les lèvres de l'empereur vieilli ces deux vers sublimes, qui semblent un écho de la grande âme de Corneille :

> J'ai pris et j'ai gardé l'Europe dans ma main.
> J'ai refait pour le Christ le vieux monde romain.

Avec saint Louis, la France met plus étroitement encore sa main dans la main du Christ, et, après Taillebourg, le jeune roi peut écrire à sa mère : « Madame, veuillez mander partout pour faire remercier Dieu; car sans point de faute, il a montré ce coup qu'il était bon Français. » Oui, messieurs, en étudiant avec le cœur notre histoire nationale, si héroïque et si belle, vous verrez que toujours et partout Dieu a béni nos drapeaux et conduit notre épée et qu'il s'est montré bon Français quand la France elle-même s'est montrée bonne chrétienne.

En ces siècles de foi, de poésie et de bravoure, le soldat, s'idéalisant sous un rayon tombé d'en haut, devenait le chevalier dont l'Église bénissait les armes et qui faisait le serment de toujours professer et défendre la loi du Christ. Il était réellement *miles Christi*. La garde de son épée avait pris la forme d'une croix, et souvent même elle devenait un reliquaire rempli d'objets sacrés et doux. Les deux forces qui ont fait la France chrétienne se réunissaient ainsi dans un même symbole.

Et non seulement la gloire militaire, mais

toute gloire, toute grandeur relèvent du Christ et de la croix.

Le plus illustre des hommes d'État d'Angleterre, Gladstone, disait naguère : « Depuis la venue du Messie, le christianisme a marché en tête de la civilisation. Son savoir a été le savoir du monde ; son art, l'art du monde ; son génie, le génie du monde. » Et l'un de nos écrivains, critique éminent, mais étranger, hostile même à toute foi religieuse, n'hésitait pas à faire cet aveu : « Ceux qui nient Jésus-Christ en portent la peine. Prenez les plus grands des modernes antichrétiens : Frédéric, Laplace, Gœthe ; quiconque a méconnu complètement Jésus-Christ, regardez-y bien, dans l'esprit ou dans le cœur il lui a manqué quelque chose. » C'est Sainte-Beuve qui parlait ainsi. Hélas ! malgré son esprit si vif et son goût littéraire si délicat, il a été lui-même un exemple de plus à mettre sur la liste des incomplets, des amoindris ; il lui a manqué quelque chose, parce qu'il n'a pas voulu adorer le Christ et s'incliner devant la croix.

Après dix-huit siècles, le christianisme n'a rien perdu de sa vie, de sa jeunesse, de sa force, de sa fécondité, de sa grandeur. Comme Dieu, il est toujours jeune. Les siècles n'usent point sa jeunesse, ils ne font que la parer et l'embellir.

L'espérance chrétienne reste donc l'avenir du monde, et la croix un sceptre que rien ne brisera.

Cette croix, symbole de votre foi, il faut, messieurs, l'aimer, la vénérer, l'adorer. Nul drapeau ne vient de plus loin, n'a abrité de plus nobles cœurs, n'est orné de plus magnifiques trophées. Soyez-en fiers, et saluez-la toujours avec un respect pieux. Le sang d'un Dieu l'a empourprée et en a fait le palladium du monde. J'ose à peine vous dire de n'en rougir jamais, tant le respect humain me semble une chose vile, lâche, indigne, misérable, et par conséquent éloignée de vos cœurs. Que penseriez-vous, que diriez-vous d'un soldat qui rougirait de son drapeau que décorent vingt victoires et qui revient du combat d'autant plus beau qu'il est plus déchiré par les balles et la mitraille ?

II

Il ne suffit pas d'aimer son drapeau et d'en être fier ; il faut savoir le défendre hardiment quand on l'insulte ou qu'on l'attaque. Or jamais le drapeau de notre foi ne fut plus attaqué que de nos jours, jamais il ne fut davantage un signe de contradiction : *Signum cui contradicetur.*

Tertullien, qui écrivait au temps des premières persécutions, nous a laissé un mot qui peint vivement cette époque sanglante, ces siècles héroïques où la foi n'allait pas sans le courage. Parlant de la situation des chrétiens, il nous dit que leur nom seul était un crime, un crime capital : *Nomen reos facit*. Il en est de même aujourd'hui, depuis qu'a retenti le cri de guerre de l'impiété : « Le cléricalisme, voilà l'ennemi. » Tout clérical porte son crime dans son nom même, tout catholique est un ennemi, tout chrétien est un suspect. Plus de place pour lui au gouvernement, dans la magistrature et sous le soleil de son pays. N'avons-nous pas vu tout récemment quatre jeunes chrétiens arrêtés à l'entrée d'une carrière publique à cause de leur nom et de leur foi ? Et qui sait si un jour la persécution n'ira pas jusqu'au sang, et si cet autre mot de Tertullien ne se réalisera pas à la lettre : *Christiani destinatum morti genus :* « Les chrétiens sont une race vouée à la mort. »

En attendant l'heure du grand combat, si le Dieu des forts vous y appelle, qu'allez-vous faire, messieurs, devant l'ostracisme qui vous frappe ? Allez-vous, honteux et tremblants, voiler votre drapeau et cacher votre nom ?

Que serait-il advenu, dites-moi, si les chrétiens des premiers siècles avaient manqué de courage ? si, au lieu d'adorer le seul vrai Dieu et de proclamer les droits de la conscience humaine, ils avaient, par une adulation sacrilège, brûlé de l'encens devant la statue de César, — de César, qui pouvait être un fou sanglant comme Néron, ou un idiot comme

Claude, — et préféré à une mort glorieuse une vie déshonorée? Ce qui serait arrivé? Le vieux soleil du paganisme, astre pâle, obscur et sanglant, aurait continué à jeter sur le monde sa lumière blafarde, qui ne suffisait ni à éclairer l'intelligence du patricien ni à réchauffer le cœur de l'esclave. Jamais ne se serait levé sur le monde le nouveau soleil, le Soleil de justice, astre doux, lumineux, bienfaisant, dont les rayons devaient faire éclore la grande civilisation des nations chrétiennes. La férocité du Barbare se serait ruée, sans s'adoucir jamais, sur la mollesse du Romain dégénéré, et le monde aurait fini dans une orgie sur un champ de bataille.

Le courage des martyrs sauva le monde. Et parmi les héros de cette vaillante armée du combat chrétien, il y a des jeunes gens, comme cet admirable Venantius, le martyr de la pureté de la foi et de la virginité du cœur; il y a des soldats, comme saint Théodore et saint Georges, comme les légionnaires Marcel et Marinus, les vétérans Julius et Typasius, les centurions Marcien et Tarachus, les tribuns Sébastien et Victor; il y a surtout cette héroïque légion Thébéenne, qui, pour obéir à sa foi, se laisse décimer et massacrer tout entière, après avoir répondu à l'empereur par la bouche de Maurice, son chef:

« Prince, nous sommes vos soldats, mais nous sommes serviteurs de Dieu : *Milites sumus, impe-*

rator, tui; sed tamen servi Dei. A vous, nous devons le service militaire; à Dieu nous devons l'innocence de nos âmes : *tibi militiam debemus, illi innocentiam.* Commandez quoi que ce soit qui n'offense pas l'honneur de notre Créateur, qui est aussi le vôtre, nous obéirons. Quant à nous rendre apostats de notre foi, vous n'y réussirez jamais. Nous avons des armes, nous les déposons; nous nous laisserons égorger sans défense. » Et toute la légion, qui comptait six mille six cents hommes, fut immolée; mais elle laissa aux générations à venir cette grande et mémorable maxime : c'est que si les soldats chrétiens se montrent toujours les premiers à obéir à la consigne, c'est à la condition pourtant de ne pas désobéir à la conscience. « A l'empereur notre bravoure guerrière, à Dieu l'intégrité de notre foi : *tibi, imperator, militiam debemus, illi innocentiam.* » Le despotisme païen se le tint pour dit. Dès lors on ne posa plus de semblable alternative à la conscience des soldats chrétiens, et nous avons la confiance qu'on ne la posera jamais.

Dans la vie militaire, messieurs, vous trouverez même plus de liberté pour votre foi que dans la vie civile. Sans compromettre sa carrière, un officier peut aller à la messe, un sous-préfet ne le pourrait pas. L'armée semble devenir aujourd'hui l'asile préféré des âmes fières et indépendantes. Parmi vos chefs, il y en a qui ont la foi vigoureuse du général de Sonis. Il y en a qui, sans peur et sans reproche, remplissent fidèlement tous leurs devoirs religieux. Vous imiterez ces nobles exemples ; vous vous montrerez chrétiens partout et toujours, sans provocation, mais sans faiblesse.

Vous ne laisserez entamer ni votre foi, ni vos mœurs. Jusqu'au milieu du réalisme de la caserne, vous saurez conserver vos divines croyances et les chastes délicatesses de vos cœurs. S'il passe sous vos yeux de mauvais exemples, la vue du vice et de sa laideur ne fera que vous rendre la vertu plus belle et plus chère. Vous serez comme le caillou dans le torrent : rien ne pourra briser votre force de résistance.

Si même, dès le premier jour et dès la première occasion, vous savez affirmer, mieux encore par votre conduite que par vos paroles, vos convictions chrétiennes, on les respectera. Il y a dans l'âme de tout soldat français un fond de droiture, de loyauté, de générosité, qui le fait s'incliner devant la grandeur morale. Il a le sens de l'héroïsme, et il comprend fort bien qu'on ne peut pas rester en face de la passion sans une volonté énergique qui provoque d'abord son étonnement, et finit par conquérir son admiration.

On peut donc être chrétien à la caserne ; on peut y honorer et y défendre le drapeau de sa foi. Saint Augustin le remarquait déjà dès le ive siècle, en écrivant à un dignitaire de l'armée d'Afrique : « N'allez pas croire, lui disait-il, que l'on ne puisse pas plaire à Dieu dans la profession des armes. Ce qui empêche le soldat de bien faire, ce n'est pas la nécessité de sa condition, c'est la malice de sa volonté : *Non enim bene-facere prohibet militia, sed malitia.* »

L'histoire humaine et l'histoire sacrée nous montrent à toutes leurs pages d'illustres guerriers qui ont été de grands saints. Si je voulais les évoquer à cette heure, mille noms glorieux répondraient à mon appel. Je préfère vous citer un trait d'héroïsme chrétien que me racontait récemment un officier de marine.

Il y a quelques années, un amiral, qui consacre aujourd'hui son grand cœur aux œuvres chrétiennes et sociales, était préfet maritime à Cherbourg. Pour la Fête-Dieu, il avait ordonné à ses marins de faire un magnifique reposoir, et lui-même, en grand uniforme, avait suivi le saint Sacrement. A cette occasion, la presse irréligieuse fit une vive campagne contre le cléricalisme de l'amiral. Celui-ci resta dédaigneux en face d'injures qui honorent. L'année suivante, on lui demanda s'il allait renouveler publiquement la manifestation de ses sentiments chrétiens, et suivre encore, en grande tenue, la procession de la Fête-Dieu. « Certainement, répondit l'amiral; car je n'ai pas appris que depuis l'an dernier Dieu ait baissé de grade. » Réponse sublime, messieurs, comme il en jaillit des grandes âmes.

Dieu, en effet, ne baissera jamais de grade : il sera toujours l'éternel Roi des siècles. Faites-vous donc gloire de lui obéir comme à votre premier chef. Sa consigne, formulée dans des commandements irrévocables, ne doit jamais être méconnue; son drapeau ne doit jamais être abandonné. Vous devez, au contraire, ajouter à sa gloire en le rendant conquérant.

III

Aimer son drapeau et en être fier, c'est bien; le défendre, c'est mieux. Mais cela ne suffit pas encore : il faut le rendre conquérant. L'apostolat convient aux ardeurs de la jeunesse chrétienne, parce que Dieu a mis en elle tout ce qui fait les grandes choses : l'élan, l'enthousiasme, la force, la générosité. Rien n'a encore flétri son cœur, ni fatigué son courage; et dans la fraîcheur de son dévouement il y a comme une promesse de succès.

Or il y a un apostolat à exercer dans l'armée, et cet apostolat vous est dévolu, jeunes chrétiens qui m'écoutez.

Depuis vingt ans, deux lois ont modifié le recrutement de l'armée française.

La première est celle qui rend le service militaire obligatoire pour tous. Les fils de famille, qui n'entraient autrefois dans l'armée qu'en qualité d'officiers, y entrent aujourd'hui comme simples soldats ; ils y coudoient l'enfant du peuple, l'ouvrier des champs et l'ouvrier des villes. Ce contact ne doit pas être stérile. Vous, messieurs, qui avez reçu une éducation plus complète, plus distinguée, souvent même plus chrétienne, vous devez agir sur ces natures moins cultivées, vous incliner vers elles pour les élever jusqu'à vous, effacer en elles tous ces préjugés qui divisent les classes sociales, et pourraient un jour les armer les unes contre les autres. Vous devez rendre dans ces âmes le sentiment de l'honneur plus vif, le respect du devoir plus grand, les croyances religieuses plus profondes. En agissant ainsi, vous préparerez l'avènement pacifique de cette grande démocratie chrétienne qui monte, monte, et qui bon gré mal gré sera la reine de l'avenir.

Une seconde loi a modifié le recrutement militaire : la loi qui appelle sous les drapeaux les séminaristes eux-mêmes, ces élus de Dieu pour le service des autels. L'Église ne peut que déplorer une pareille loi, qui méconnaît ses privilèges et rend plus difficile le recrutement de son clergé. L'on peut bien redire ici les paroles attristées de Bossuet : « Mère affligée, l'Église a souvent à se plaindre de ses enfants qui l'oppriment ; on ne cesse d'entreprendre sur ses droits sacrés. » Mais Dieu, messieurs, est assez puissant pour tirer le bien du mal, pour forcer l'injustice elle-même à servir ses desseins.

Notre société sécularisée tend de plus en plus

à isoler le prêtre, à paralyser son action, à diminuer son influence, à restreindre son ministère. Eh bien! dès les années de son noviciat, le voici en contact intime avec toute une génération, sa contemporaine. Candidat au sacerdoce, il peut déjà, dans la caserne elle-même, commencer son apostolat en révélant tout ce qu'il y aura un jour de doux et de fort dans son cœur de prêtre. Il peut déjà gagner des âmes à Dieu par l'exemple de sa foi humble et ferme, de ses vertus austères et aimables; il peut déjà conquérir pour son ministère futur le respect et la confiance. Oui, grâce à lui, le prêtre, aimé et honoré dans l'armée, pourra plus facilement, à l'heure des grandes luttes, porter sur tous les champs de bataille ses pardons et ses espérances.

Jeunes séminaristes, je comprends vos regrets au moment de quitter ces doux asiles où le silence favorise la prière et l'étude, où tout conspire à maintenir l'âme dans la paix et la ferveur. Et néanmoins je vous dirai : Allez sans trembler dans ce milieu agité, bruyant, de la caserne, Dieu sera avec vous. N'est-il pas le Dieu des armées? Allez-y avec l'entrain et la gaieté que vous donnent votre jeunesse et votre vertu. Et là soyez apôtres, non par des prédications inutiles, mais par une conduite irréprochable, réalisant en vous l'idéal du soldat français et chrétien. Si vos camarades sont assez malheureux pour blasphémer le Dieu qu'ils ignorent, soyez assez parfaits pour qu'ils le reconnaissent dans vos personnes, assez aimables pour qu'ils ne puissent plus lui refuser leurs cœurs. En agissant ainsi, vous serez auprès de l'armée française, qui reste l'une des forces vives de la patrie, les messagers de Dieu et les aides de camp de la Providence. Par vous, le drapeau de votre foi deviendra conquérant.

On a dit de l'armée que c'était la France en marche; rien n'a été mieux dit. Oui, c'est la France en marche; la France qui ne recule ni ne dégénère, qui traverse fièrement les époques de décadence, les fins de siècle, en abritant dans les plis du drapeau son génie, ses libertés, son Dieu, et en choisissant pour escorte les âmes les plus hautes et les plus vaillantes. Vous, jeunes chrétiens, soyez comme les éclaireurs de cette France en marche.

Avant de finir, je veux avec vous tourner mes regards vers la reine de ce sanctuaire, la Vierge immaculée. Elle porte ici un nom prédestiné, elle s'appelle Notre-Dame des Victoires, et vous voyez les trophées qui ornent son temple. Vous avez voulu lui consacrer votre année militaire pour qu'elle en fasse une année de victoires : victoires de votre cœur sur vos passions frémissantes, victoires de votre foi sur l'incrédulité ou l'indifférence de vos compagnons d'armes. Ayez confiance, Marie étendra sur vous la protection de son aile maternelle : *In tegmine alarum tuarum sperabunt.* Oui, ô Vierge sainte, jetez les yeux sur cette jeunesse ardente et fière, croyante, et pure, sur cette jeunesse qui est réellement la fleur de l'honneur chrétien : *Flos honoris christiani*. Bénissez-la, fortifiez-la et préparez-lui de glorieuses victoires. Bénissez aussi les mères qui tremblent en voyant partir leur fils; et un jour ramenez, sans blessures d'aucune sorte, les fils auprès des mères dans la sérénité joyeuse du foyer domestique.

LA FEMME CHRÉTIENNE

ET L'AME FRANÇAISE

DISCOURS

PRONONCÉ DANS LA BASILIQUE DE SAINTE-CLOTILDE
EN MAI 1893

> *Et radicavi in populo honorificato.*
> Et j'ai jeté mes racines dans l'âme du
> peuple que j'ai voulu honorer.
> (ECCLI. XXIV, 16.)

MONSEIGNEUR [1],
MES FRÈRES,

Le nom de sainte Clotilde, dont vous fêtez
aujourd'hui la mémoire, ramène la pensée vers
les origines de la France chrétienne ; et si Dieu
a jeté dans l'âme de ce peuple de si profondes
racines, nous en devons remercier d'abord celle
qui conduisit au baptistère de Reims Clovis et
la France elle-même. Vinrent ensuite d'autres
femmes, illustres par leur foi et leur piété, qui

[1] Mgr Fabre, évêque de Saint-Denis, à La Réunion.

perpétuèrent chez nous l'influence de Clotilde, et, de leurs mains délicates, achevèrent de pétrir avec de la foi, de l'espérance et de la charité, l'âme chrétienne de la France, car les peuples ont une âme.

Cette action, cette influence de la femme dans la formation de l'âme chrétienne de la France, je voudrais la peindre à grands traits et la mettre sous vos yeux. Ce tableau, qui résume toutes vos gloires, chrétiennes et Françaises qui m'écoutez, renferme de précieux enseignements. Il vous fera comprendre qu'aujourd'hui comme autrefois, la femme forte dont parle l'Écriture, *mulierem fortem,* doit rester l'ange de la patrie, et que seule elle peut par ses vertus rendre à la France ses traditions chrétiennes, ses mœurs austères et pures, son amour passionné pour Jésus-Christ, les grandeurs et les gloires de son passé. Car, on l'a dit avec raison : « L'avenir est fils de la femme plus que de l'homme[1]. »

La femme peut être vierge, épouse et mère : ces trois couronnes font bien sur sa tête. La première est la plus glorieuse, c'est Jésus lui-même qui l'a proclamé. Mais les autres sont belles aussi, quand elles reposent sur un front chaste.

Rappelant ces trois grandeurs de la femme et le rôle qu'elles ont joué dans la formation de l'âme chrétienne de la France, Pierre le Véné-

---

[1] Mgr Mermillod.

rable, fils d'une sainte mère, la bienheureuse Rain-
garde, et issu de l'illustre famille des Montbois-
sier, a écrit cette parole qui résume dans un
mot profond et charmant l'histoire de la femme
chrétienne et française : « *Apud nos, et virgo
et uxor et mater patriam pietate foverunt*. Chez
nous, la vierge, l'épouse et la mère ont fait
éclore l'âme de la patrie au souffle de leur piété. »
Cette belle parole du grand et pieux abbé de
Cluny, qu'il est facile de justifier, l'histoire à la
main, va devenir comme le plan et le cadre de
ce discours.

Nous rencontrerons bientôt et nous saluerons
la radieuse figure de sainte Clotilde ; mais d'abord
voyons la virginité mettre sous l'âme de la
France les traits de son idéale et céleste beauté.

I

Trois figures virginales éclairent, comme de
doux rayons, le passé de nos annales. Trois
étoiles brillent au ciel de notre histoire. Au
levant, à l'aurore, presque sur le berceau de la
monarchie, apparaît Geneviève, la vierge de
Nanterre, qui fait reculer la barbarie, sauve Paris
des fureurs d'Attila et devient la patronne de la
capitale de la France : fleur charmante dont le

parfum suffira à embaumer les premières pages
de nos chroniques nationales. Geneviève mène le
cortège, la blanche théorie de toutes les saintes
femmes de France. Elle mourut six semaines après
Clovis. Celui-ci était mort le 27 novembre 511,
et Geneviève mourait le 3 janvier 512. La bergère gauloise et le roi franc furent inhumés l'un
près de l'autre dans l'église de Saint-Pierre et de
Saint-Paul, qui prit dans la suite le nom de la
patronne de Paris. « Geneviève, couchée dans la
tombe à côté de son roi, dit Chateaubriand,
opposa, dans une longue suite de siècles, l'obscurité et la vertu de ses cendres à toutes les
pompes et à toutes les calamités de la monarchie
de Clovis. »

La première, aux yeux de ces peuplades barbares, qui avaient rapporté de leurs forêts le
culte de la femme, Geneviève fit apparaître la
vierge chrétienne, la femme dans toute son idéale
et divine beauté. Cette virginale apparition éblouit,
charma ces cœurs héroïques et simples, et fut
pour eux comme la révélation d'un idéal nouveau
et inconnu, l'idéal d'une beauté supérieure, d'une
beauté toute divine qui mettait une auréole au
front de la femme.

Plus loin, c'est Jeanne d'Arc, la vierge de
Domrémy. Elle se lève, comme une étoile d'or,
dans un ciel ténébreux, assez semblable au nôtre,
et y fait luire l'espérance. Messagère de Dieu, elle
a de merveilleuses visions, elle entend ses voix

qui lui disent « la grande pitié qui est au pays de France » ; et elle refait à ce pays divisé, découragé, une âme confiante et vaillante.

Vous connaissez cette page de nos annales, éclairée d'un rayon d'en haut. L'histoire revêt ici les allures du poème, poème tour à tour gracieux et grandiose, qui s'ouvre par la plus fraîche idylle, qui se poursuit sur le ton de l'épopée guerrière et qui s'achève dans un drame sanglant. Pour mieux faire resplendir ce front prédestiné et y fixer le regard des foules, Dieu y met la triple auréole de la jeunesse, de la virginité et du martyre. La couronne d'épines s'y pose, parce que, ici-bas, tous les fronts glorieux doivent porter le sanglant diadème.

Les siècles heureux pourront méconnaître Jeanne d'Arc, les siècles inquiets penseront à elle. Au XVIIe siècle, celle qui avait mené Charles VII à Reims paraissait oubliée. Ce siècle, épris de sa propre beauté et de sa propre grandeur, ne regardait ni derrière lui ni devant lui ; les splendeurs du présent lui suffisaient. Aussi le nom de Jeanne ne vient-il résonner ni sur les lèvres de Bossuet ni sur la lyre de Corneille. Mais le XIXe siècle finissant, au milieu de ses incertitudes et de ses tristesses, se plaît à évoquer le souvenir de la virginale libératrice. En ce moment même, un évêque[1], à l'âme ardente, se fait le chevalier de cette sainte mémoire ; il parcourt la

---

[1] Mgr Pagis, évêque de Verdun.

France entière, et sa voix trouve dans tous les cœurs un écho sonore.

La poésie lui répond. Parlant d'elle-même et de la France, Jeanne s'écrie fièrement :

Le même honneur tous deux nous garde et nous enflamme ;
Je connais mon pays, il m'a donné son âme.
Il se redressera comme moi sous l'affront.
C'est quand il est perdu qu'il relève le front.
Faites, faites sur lui peser le joug des armes ;
Noyez-le tout entier dans le sang et les larmes ;
Reculez sa frontière, ivres de vos succès ;
La France renaîtra dans le dernier Français.
Que le temps soit à vous !... La France aura pour elle
Dans l'avenir certain la justice éternelle.
Et plus loin le bourreau pousse l'iniquité,
Plus haut va le martyr dans l'immortalité [1].

Mais le temps avait fait un pas, et il fallait une dernière étoile pour faire briller l'espérance jusque dans l'obscurité des derniers jours. Ce sera encore une figure virginale. Dieu appelle Marguerite-Marie dans la solitude de Paray-le-Monial pour la préparer à sa mission qui sera de révéler à la France, et par elle à la terre entière, le cœur du Christ, soleil radieux qui doit jeter sur le monde vieillissant comme un dernier torrent de lumière et d'amour et donner à notre histoire une dernière splendeur.

La virginité est nécessaire aux grandes manifestations du ciel. C'est la virginité de Marie qui attira dans son sein le Verbe éternel de Dieu, *virginitate concepit*. Le Christ ne vit qu'au milieu

[1] Jules Barbier, *Jeanne d'Arc*.

des lis, *qui pascitur inter lilia*. Ce sera donc la virginité de Marguerite qui attirera le cœur du Christ. Quand l'âme de la vierge de Paray-le-Monial sera devenu un paradis, quand elle reflétera dans sa pureté toutes les images du ciel, comme se reflètent en un beau lac les fleurs et les arbres de ses rives, alors Jésus s'inclinera vers elle, il viendra, il lui donnera son cœur pour qu'elle-même le donne à la France et lui en révèle les secrets d'amour, ces secrets qui renferment le salut des âmes et des peuples.

Le rôle de la vierge chrétienne dans notre histoire, son influence sur notre société, ne s'offrent pas toujours avec cet éclat, mais ils existent. A elle, en effet, à faire aimer et sentir la vérité, à inspirer le respect de la vertu, la délicatesse des sentiments, le culte de la pureté ; à elle, à passer à travers nos douleurs et nos hontes, sans un pli sur son front, sans une tache sur son cœur, sans un nuage sur son âme ; à elle, à faire briller sans cesse, au-dessus de nous, l'idéal de la beauté parfaite : les âmes et les peuples ont besoin d'un idéal pour les éclairer, les attirer, les élever, les enchanter. Or nul idéal plus beau que celui qui resplendit dans les âmes virginales. De telles âmes sont la parure de l'Église, la fleur de l'honneur chrétien ; elles sont comme le printemps d'un peuple et lui font revivre ses plus beaux jours. Prions donc Dieu de les multiplier parmi nous, pour sauver l'idéal menacé par les progrès d'un réalisme avilissant qui méconnaît toutes les traditions et toutes les aspirations de l'âme française, cette âme éprise d'idéal.

II

L'épouse a dans notre histoire un rôle presque aussi beau, une influence aussi efficace que le rôle et l'influence de la vierge chrétienne.

Pour porter la foi au cœur de ces rois barbares dont la sauvage indépendance redoutait le joug le plus léger; pour adoucir les mœurs dures, fières, cruelles même, de ces chefs de guerre qui, d'un coup de leur framée, brisaient en se jouant la tête d'un soldat, comme Clovis à Soissons, l'Église avait besoin d'une voix plus douce, plus suave encore que la voix du prêtre; elle avait besoin de la voix de l'épouse chrétienne. Cette voix ne lui fit pas défaut. Notre histoire s'ouvre, pour ainsi dire, par les noms de trois pieuses reines que l'Église a placées sur les autels et que nous vénérons comme des saintes : Clotilde, Radegonde et Bathilde.

Le père de notre histoire, Grégoire de Tours, nous a conservé, dans un style rude et barbare, le récit naïf de la conversion du premier roi franc et de son peuple. Je ne vous redirai pas ce récit ; il n'y a pas, dans notre histoire, de page qui soit mieux connue.

Par son esprit, sa beauté, sa douceur, sa modestie, Clotilde gagne le cœur de Clovis son époux. Au fond du palais, il y a un petit oratoire où elle se retire pour prier. En sortant de là, elle sait opposer aux saillies de caractère, aux emportements parfois violents du chef belliqueux, une bonté que rien ne déconcerte, une tendresse victorieuse. Aux heures de confidence, elle parle à son époux, encore païen, du vrai Dieu, de ce Dieu qui d'une parole a tiré le monde du néant, fait luire la lumière et orné le ciel d'astres éclatants ; elle lui raconte l'histoire de ce Dieu né dans une crèche et mort sur une croix par amour pour nous. Et peu à peu, portée par cette voix de l'épouse chrétienne, la foi entre dans l'âme du roi barbare ; l'amour de Jésus-Christ jaillit du cœur de Clotilde au cœur de Clovis. Et un jour que le roi franc lève sa bannière pour aller combattre les Allemands qui ont osé mettre le pied sur son territoire : « Seigneur, lui dit Clotilde, si vous voulez vous assurer la victoire, invoquez le Dieu des chrétiens, c'est le Dieu des armées ; recourez à lui, et rien ne pourra vous résister. » — Vous savez ce qui se passa à Tolbiac et à Reims.

Ce baptême d'un chef illustre et d'un peuple naissant avait été préparé par les prières et la chaste tendresse d'une épouse chrétienne, il était l'œuvre de Clotilde. Cette sainte reine, en se faisant ainsi l'auxiliaire du Christ, *adjutrix Christi*, inaugurait chez nous la mission de la femme chrétienne. Quand elle mourut, on l'enterra dans la même église que son époux, au pied de Geneviève de Nanterre. De sa tête couronnée elle touchait les pieds de l'humble bergère : sublime égalité de la mort !

A peine Clotilde était-elle descendue du trône, que Radegonde y montait. Pour sanctifier ce trône, la sainteté s'y succédait comme la puissance. Dieu préparait ainsi la France à ses grandes destinées.

Épouse de Clotaire, fils de Clovis, Radegonde, après avoir donné à un prince capricieux l'exemple des plus saintes vertus et de la plus fidèle tendresse, quitte la cour pour le cloître où l'attirait son austère piété. Elle se retire à Poitiers et y fonde le monastère de Sainte-Croix, dont elle devient elle-même abbesse, et où elle fait transporter un morceau de la vraie croix, au chant du *Vexilla Regis,* hymne composée pour la circonstance par le poète Fortunat, chapelain du monastère.

Dans sa solitude, Radegonde, selon une belle parole de Grégoire de Tours, s'inquiétait encore des destinées de la patrie naissante : *semper de salute patriæ curiosa.* Elle mourut, après une longue vie d'austérités et de prières, et l'évêque de Tours présida lui-même aux funérailles. Il nous a conservé le récit d'un miracle qui s'y

opéra : Un aveugle recouvra la vue en touchant
le cercueil. Cette lumière sortie du cercueil de la
sainte reine était une image de cette lumière
supérieure de la foi que sa vie avait répandue sur
l'âme de son époux. Radegonde avait, en effet,
mis une foi profonde dans le cœur de Clotaire.
C'est ce roi qui sur son lit de mort s'écriait :
« Que le Roi du ciel est puissant ! Lui qui fait
ainsi mourir les plus grands rois de la terre ! »
Massillon se souviendra de cette parole devant
le cercueil de Louis XIV.

Une jeune esclave, naufragée sur les côtes de
France, est achetée à vil prix par un seigneur
franc, maire du palais sous Clovis II. Cette
esclave est chrétienne. Sa beauté, sa vertu, sa
distinction naturelle gagnent le cœur du roi, et
Bathilde devient reine de France. Le roi, charmé
de sa piété, ravi de l'élévation de son esprit,
lui confie cette partie de son autorité qui a pour
objet la protection de l'Église, le soin des sanc-
tuaires et le soulagement des pauvres. La pieuse
reine se fait la providence des malheureux, abolit
l'esclavage en souvenir de sa première condition,
et ouvre, pour ainsi dire, cette série de bienfaits
qui, durant de longs siècles, devaient descendre
du trône sur le malheur. A la mort de son époux
dont elle ferme les yeux, elle dirige elle-même
la jeunesse de ses fils, et va enfin mourir, simple
religieuse, dans la célèbre abbaye de Chelles,
fondée par sainte Clotilde.

Quelle impression ne devait pas produire sur ces peuples, jeunes encore et barbares, qui avaient apporté du fond des forêts de la Germanie le respect et pour ainsi dire le culte de la femme, la vue de ces saintes reines que Dieu plaçait sur le trône comme sur un chandelier ! Peu à peu, sous ces heureuses influences, se formait l'âme chrétienne de la France, s'épanouissait, à cette douce lumière, le génie national, mélange de vivacité et de délicatesse, d'honneur et de dévouement. Ces pieuses et glorieuses reines veillaient sur le berceau de la patrie comme sur le berceau même de leurs fils. Les saintes partagent donc avec les héros et les évêques la gloire d'avoir fait la France « comme les abeilles font leur ruche ».

Si, en descendant le cours de notre histoire, nous ne trouvons plus sur le trône de saintes canonisées, nous y rencontrons encore de pieuses reines, ne serait-ce que cette Marie-Thérèse qui, au sein des splendeurs de Versailles, tissait elle-même, de ses mains royales, le linceul qui devait l'envelopper au tombeau, afin de se préserver, par la pensée et l'image de la mort, des illusions auxquelles l'exposait l'éclat de son rang et de sa couronne ; princesse dont Bossuet a loué la piété, et en qui il nous a montré « la rare et majestueuse beauté d'une vertu toujours constante ».

Est-il permis d'oublier cette infortunée Marie

Leckzinska, que Dieu plaça sur un trône souillé pour en écarter la foudre, et qui fit fleurir à la cour dégénérée de Louis XV les vertus des plus beaux siècles de foi ? Pure comme un lis au milieu des épines, pieuse et recueillie comme une religieuse au fond du cloître, elle redoutait les vengeances du ciel sur notre malheureux pays. Une de ses filles entra au Carmel, mourut en odeur de sainteté, et l'Église songe à la placer sur les autels, tant est féconde pour le ciel, même en ses plus mauvais jours, cette terre de France, cette âme chrétienne de la France !

Il n'y a peut-être pas d'exemple plus frappant de la puissance maternelle que celui qui nous est offert par Marie Leckzinska. Voilà une mère qui, au milieu d'une cour corrompue, en face de scandales qui brisent son cœur d'épouse et font trembler son cœur de mère, la voilà qui, étendant ses ailes intrépides sur sa nombreuse couvée[1], sur cette pléiade de princes et de princesses, éclose à une heure difficile, les préserve tous de la contagion qui les entoure, qui les assaille. On dirait un nid d'alcyon posé sur une mer orageuse et que nulle vague ne peut submerger. Marie Leckzinska, par l'influence de sa vertu, sut préparer pour le trône, le cloître, l'exil ou l'échafaud, ses nombreux enfants ou petits-enfants. Oh ! saluons ce doux visage maternel où le sourire s'éteignit dans les larmes !

---

[1] Marie Leckzinska eut dix enfants.

Ce qui se passait sur le trône avait lieu dans toutes les classes de la société, sous le chaume comme à l'ombre du créneau féodal. Partout Dieu traversait le cœur de l'épouse pour aller au cœur de l'époux. Ce que fit le passé, le présent doit le faire et préparer à son tour l'avenir. Il y a dans l'épouse chrétienne une puissance de persuasion à laquelle rien ne résiste. Ce Dieu qu'elle prie elle-même, qu'elle invoque, qu'elle adore, elle peut toujours le faire prier, le faire adorer par celui que le ciel lui a donné pour être le soutien de sa vie et le père de ses enfants. Tôt ou tard l'homme, même le plus incrédule, finit par croire au Dieu qui donne à son épouse les grâces de la piété et à ses filles les charmes de la vertu. L'impiété le sait bien, et c'est pour cela qu'elle cherche à mettre la main sur l'éducation de la femme, afin de mieux tarir dans les âmes les sources vives de la foi.

III

Mais l'influence la plus directe, la puissance la plus active d'une femme chrétienne, puissance que j'ai déjà signalée en Marie Leckzinska, repose dans sa maternité. La maternité est une espèce de sacerdoce; comme le prêtre, la mère a un pouvoir de préservation, un don de sanctification. Elle élève ses enfants dans la crainte de Dieu, veille sur leur innocence, jette dans leur cœur des semences fécondes, arme leur courage pour les luttes de la vie. C'est elle qui fait les générations chastes et fortes, les peuples croyants et fidèles. Pour l'éducation chrétienne de ses fils, elle prépare des héros à la patrie, et à l'Église des enfants pieux.

Pour résumer ce que notre histoire doit à la maternité, je me contenterai de vous rappeler que nous devons à l'influence maternelle les deux plus grands de nos rois, Charlemagne et saint Louis. C'est la reine Berthe qui avait mis au cœur du premier cet amour passionné, ce dévouement filial pour l'Église dont il a été à jamais le plus illustre défenseur, et nous devons à la piété de Blanche de Castille l'âme et le génie de Louis le Saint.

Berthe disait à son fils : « Beau cher fils, quand tu auras grand et puissant royaume, aime la sainte Église et sois son défenseur. » Et Charlemagne, docile aux inspirations de sa pieuse mère, aima l'Église comme jamais roi ne l'a aimée. De son bras puissant, il la défendit contre ses ennemis ; de son épée victorieuse, il lui traça autour de Rome un patrimoine, le patrimoine de Saint-Pierre, que jusqu'à nos jours les siècles avaient respecté. L'Église reconnaissante mit sur la tête du roi franc la couronne impériale, elle plaça sa statue à côté de celle de Constantin à l'entrée de la basilique de Saint-Pierre, elle fit de son nom le nom même de la grandeur, et Lacordaire a pu dire, en parlant du fils de Berthe : « Charlemagne, cet homme qui fut, après le Christ, le père de l'âge moderne, et dont le nom est demeuré magnifique entre tous les noms. »

Pour trouver une figure, sinon aussi grandiose, du moins aussi belle, plus achevée même et plus attachante, sans lacunes et sans ombres, il faut, descendant le cours des âges, arriver à saint Louis, « le fruit le plus suave, la fleur la plus brillante du génie et du cœur français[1]. »

Or qui avait formé l'âme de saint Louis, qui avait façonné ce génie si tendre et si fort, si pieux et si grand, dont le sceptre était pour tous le sceptre même de la justice et de la loyauté ; dont l'épée jetait des éclairs qui donnaient à réfléchir aux ennemis de la France ; dont la devise était : « Dieu, la France et Marguerite ; » dont la justice nous a légué le souvenir si populaire du chêne de Vincennes ; dont la charité a bâti cet Hôtel-Dieu de la Cité, où il allait lui-même baiser les plaies du malade et laver les pieds des pauvres ; dont la piété a élevé la Sainte-Chapelle, ce bijou de pierre, cette merveilleuse relique de l'art chrétien, pétrie non de gloire et d'airain comme la colonne chantée par le poète,

[1] Mgr Bougaud.

mais de foi, de piété, d'amour et de pierres précieuses, *muri tui lapides pretiosi ;* dont le courage dans les fers étonna ses ennemis, qui n'avaient jamais vu si fier chrétien, et dont la mort sera l'éternel enseignement des siècles ? Qui donc avait formé ce cœur de croisé, cette âme de saint, ce roi qui signait Louis de Poissy plutôt que Louis de France, en mémoire de son baptême et pour honorer son titre d'enfant de Dieu ? C'était sa mère, Blanche de Castille, en lui répétant ces simples et sublimes paroles : « Mon fils, je vous aime de toute la tendresse de mon cœur ; mais je préférerais mille fois vous voir mourir sous mes yeux plutôt que commettre un seul péché mortel. » Telle est la parole qui a créé l'âme et le génie de saint Louis, comme au commencement des jours une parole de Dieu créa la lumière. Cette parole fut la semence qui, jetée dans l'âme de Louis IX et s'y épanouissant, en a fait le plus saint, le plus glorieux et le plus populaire de nos rois.

Mères chrétiennes qui m'écoutez, imitez Blanche de Castille ; inspirez à vos fils, dès leurs plus tendres années, l'horreur du mal ; vous aussi, dites-leur, en caressant leurs jeunes fronts : « Mon enfant, je vous aime avec une tendresse ineffable ; néanmoins je préférerais vous voir mort à mes pieds que coupable d'un seul péché mortel. » En leur parlant ainsi, vous ferez de vos fils des saints, qui seront l'honneur de la patrie et de l'Église. Ils ne porteront peut-être pas de couronne ici-bas comme Louis IX, mais comme Louis le Saint, ils en recevront une au ciel; « car, dit Bossuet, Dieu est si grand, qu'il ne veut pour orner sa cour que des sujets couronnés. »

Que de faits je pourrais glaner encore dans notre histoire, pour honorer et rendre sensible le rôle de la maternité dans la formation de cette âme héroïque et chrétienne de la France, depuis cette châtelaine disant à son fils qui partait pour la croisade :

> Ne plaise à Dieu, à ses saints, à ses anges,
> Que douce France par vous perde l'honneur!
> Mon chevalier, en avant!

jusqu'à cette paysanne vendéenne répondant aux adieux de son fils par ces paroles sublimes : « Mon enfant, séchons nos larmes ; moi, je vais prier ; toi, va combattre et mourir pour ton Dieu et ton roi ! » Mais, en un sujet si riche, il faut savoir se borner et conclure.

IV

Telles sont donc les trois influences qui ont contribué à former l'âme chrétienne de la France; la vierge y apporta l'exquise délicatesse d'un

cœur pur ; l'épouse, la généreuse ardeur d'un
amour sanctifié ; la mère, le sublime dévouement
d'une tendresse infatigable. Et cette âme devint
si belle, si grande, si héroïque, qu'aucun peuple
n'en eût jamais de semblable ; elle faisait l'orgueil
de l'Église et l'admiration de Dieu. L'Église, par
la voix d'un de ses pontifes, proclamait la France
« le plus beau royaume après celui du ciel » ;
et un de nos rois écrivait à sa mère, après une
éclatante victoire : « Madame, veuillez mander
partout, pour faire remercier Dieu, car il a
montré ce coup qu'il est bon Français. » Oui,
Dieu, séduit par l'âme héroïque de la France,
s'était fait Français et bon Français.

Mais, hélas ! cette âme, qui était belle de la
beauté même du Christ, on travaille à la pro-
faner, à la défigurer, à l'enlaidir ; on travaille
à lui enlever une à une ses croyances, comme on
jette à terre les pierres d'un magnifique édifice
qui bientôt ne sera plus qu'une ruine ; on veut
lui arracher ce Christ qui faisait sa beauté, sa
grandeur et sa gloire ; on veut faire de cette âme
la captive de la Révolution, comme on empri-
sonne un aigle dans une cage de fer. Mais l'aigle
s'agite, il veut briser ses barreaux, il veut remonter vers son soleil et ses montagnes où il planait
dans la lumière de Dieu.

Du Guesclin avait été fait prisonnier par le
prince Noir. Celui-ci permit au chevalier français
de fixer lui-même sa rançon. Du Guesclin,
sentant sa valeur et le prix de son épée de conné-

table, porta la rançon à une somme très élevée.

« Et où trouverez-vous cet or ? lui dit le prince Noir étonné.

— Chez mes amis, repartit le fier connétable ; il n'y a pas de femme en France qui ne filât sa quenouille pour me tirer de vos mains. »

Ce n'est plus seulement l'épée du bon connétable qui est prisonnière, c'est l'âme même de la France qui est captive. Il s'agit de la délivrer. A vous, mesdames, à filer vos quenouilles pour payer cette glorieuse rançon ; à vous à faire revivre les vertus et les charmes divins qui donnèrent à ces vierges, à ces épouses et à ces mères, dont je vous ai parlé, la puissance de former l'âme et les mœurs chrétiennes de la France, qui permirent à Clotilde de conquérir à Dieu les Francs et leur roi, et d'attacher ainsi « un impérissable fleuron à cette fragile couronne dont tant de joyaux ont depuis lors disparu dans les tempêtes [1] ».

Ce peuple, baptisé à Reims, méconnaît aujourd'hui son baptême. Ces foules qui, au moyen âge, groupées autour des bannières de leurs saints, parcouraient les rues pavoisées de nos villes et remplissaient les immenses cathédrales, on les éloigne de Dieu, on les irrite, on les met en guerre ouverte contre le Christ. Pour les apaiser et les ramener aux pieds de Celui qu'adoraient

[1] Chateaubriand.

les aïeux, il faut encore le cœur, la voix, la main suave de la femme chrétienne, comme autrefois pour adoucir, charmer et convertir les barbares. Mettez-vous donc à l'œuvre avec un cœur vaillant, une âme haute, une piété éclairée et solide, un dévouement généreux à toutes les œuvres chrétiennes et sociales, ces œuvres qui renferment en elles l'avenir même de la patrie.

Nous verrons alors se vérifier cette parole de Léon XIII, l'une des premières qu'il ait prononcées à l'adresse de la France, au lendemain de son élection. Un prélat distingué lui parlait de notre pays avec inquiétude. Le pape lui répondit : « Vous, Français, vous n'avez rien à craindre de l'avenir ; par leur dévouement et leurs prières, vos femmes vous sauveront toujours. » Eh bien, chrétiennes, sauvez-nous ! Et, dès ce moment, faites à Dieu cette prière fervente : « Seigneur, demeurez avec nous, car il se fait tard et le jour baisse. *Mane nobiscum, Domine, quoniam advesperascit et inclinata est jam dies.* Oui, déjà je vois s'allonger les grandes ombres du soir, ombres de l'erreur et du mal, ombres des ruines et des décadences. Restez avec nous, ne secouez pas sur nos fronts la poussière de vos pieds ; car, quand vous vous en allez, vous emportez avec vous la lumière, l'espérance et la vie, et derrière vous s'avancent les ombres, les ruines et la mort. Oh ! Seigneur, demeurez ! » Et il restera avec vous, le Dieu de Clotilde et de Radegonde, le Dieu de Geneviève et de Jeanne d'Arc, le Dieu de Bathilde et de Blanche de Castille ; et les mères pourront encore regarder sans trembler le front et l'avenir de leurs fils.

IMMORTALITÉ

DE LA

FRANCE CHRÉTIENNE

—

DISCOURS

PRONONCÉ DANS LA BASILIQUE DE SAINTE-CLOTILDE EN MAI 1896

———

> *Benedictus Dominus, qui exaltavit civi-
> tatem; per vicos ejus allelula cantabitur.*
> Béni soit le Seigneur, qui a ainsi exalté
> ma patrie; on entendra retentir dans ses
> rues l'allélula de la résurrection.
> (LIVRE DE TOBIE, XIII.)

MONSEIGNEUR [1],
MESSIEURS,

Le patriarche Tobie touche à sa cent deuxième
année ; il va mourir. Il réunit une dernière
fois, auprès de sa couche, son fils et ses nombreux petits-fils. Le voile de l'avenir se déchire
alors, devant son regard prophétique, et il
annonce à ses enfants exilés la chute de Ninive,
la fin prochaine de la captivité, les grandeurs

———

[1] Mgr d'Hulst, recteur de l'Institut catholique.

futures de Jérusalem, la cité sainte. Ce n'est
plus seulement un chef de famille qui parle ; sa
parole est l'écho de la voix de tout un grand
peuple, élu de Dieu pour une mission sacrée et
qui espère en ses glorieux destins.

Le patriarche mourant croit à la restauration
de son peuple. Malgré la dispersion, malgré
l'exil, malgré la captivité, il croit à l'avenir de
sa patrie, et il proclame cette foi de son cœur.

Nous-mêmes, pensant à notre propre patrie,
captive, elle aussi, entre les mains impies de la
Révolution, pouvons-nous avoir les mêmes espérances que le vieillard exilé à Ninive sous le
sceptre de fer des rois assyriens ? Je voudrais,
ce soir, traiter cette question.

Il y a trois ans, j'avais déjà l'honneur, à
pareil jour, d'être dans cette chaire et de vous
parler de sainte Clotilde. Je demandais le cadre,
le plan, l'inspiration de mon discours à une
parole de Pierre le Vénérable. Le grand abbé de
Cluny, qui, avec Suger et saint Bernard, domine,
dirige le XIIe siècle, « le siècle où il y eut chez
nous le plus d'idéal chrétien réalisé[1], » a résumé
dans un mot charmant et profond l'histoire de
la femme chrétienne et française : « *Apud nos,
et virgo et uxor et mater patriam pietate foverunt.* Chez nous, la vierge, l'épouse et la
mère ont fait éclore l'âme de la patrie au souffle

____

[1] Léon Gautier.

de leur piété. » Je vous montrais Clotilde marchant en tête de cette blanche théorie de femmes tendres, héroïques et pures, qui traversent notre histoire et qui, de leurs mains délicates, ont pétri, avec de la foi, de l'espérance et de la charité, l'âme chrétienne de la France.

Aujourd'hui, je voudrais rechercher quels sont les gages d'avenir et d'immortalité donnés par Dieu lui-même à la France chrétienne. Ce sera le moyen, peut-être, de vous indiquer le vrai sens et la haute portée des grandes fêtes déjà commencées à Reims, la ville sainte des Francs, où, il y a quatorze siècles, la France elle-même, conduite par la main royale de Clotilde, allait chausser l'éperon d'or du chevalier.

L'Église, qui n'est que le Christ lui-même vivant et voyageant ici-bas jusqu'à la fin des siècles, *ego vobiscum sum usque ad consummationem sæculi*, a les promesses de l'immortalité. Comme le chantait Racine, dans l'une de ses tragédies bibliques,

Elle doit du soleil égaler la durée,

et il serait même plus facile d'éteindre le soleil au fond des cieux que de tarir la vie au sein de l'Église. Les efforts de l'impiété contre cette immortelle épouse du Christ, tout en nous attristant, ne doivent donc point nous alarmer.

Mais un peuple baptisé, un peuple chrétien; mais la France qui a son berceau, sa jeunesse, son passé, marqués du signe de la Croix, la France est-elle immortelle ? En la baptisant à Reims, le Christ lui a-t-il communiqué l'immortalité du temps, ne donnant à ses destinées d'autres limites que les limites mêmes de la durée de ce monde ? Problème inquiétant. Un grand esprit disait : « La France restera catholique ou cessera d'être ; sa foi est la raison providentielle de son existence. » Or nous aimons notre patrie ; son avenir nous intéresse, ses destinées nous tiennent à cœur, et Jésus lui-même, en pleurant sur les maux qui menaçaient Jérusalem, sa patrie ingrate, nous a enseigné les alarmes et les douleurs du vrai patriotisme.

Nous pouvons donc nous demander, en face des autels où repose *Celui qui aimait les Francs,* si la France a reçu du Christ le don d'une foi immortelle et d'une vie impérissable, deux choses inséparables, puisqu'en elle la foi est la source même de la vie.

Ces espérances d'immortalité pour la France chrétienne, nous pouvons les avoir, à cause de la ressemblance souvent signalée entre le rôle dévolu au peuple franc dans les âges chrétiens, dans l'ère nouvelle du monde, et le rôle du peuple d'Israël, de la tribu de Juda, dans les âges antiques, dans les siècles prophétiques. Les papes ont eux-mêmes officiellement constaté cette analogie entre les destinées des deux peuples, surtout le pape Grégoire IX, dans sa magnifique lettre à saint Louis, le plus beau titre qui soit renfermé dans nos archives nationales. Les deux peuples sont marqués du sceau de la prédestination, parce qu'ils sont l'un et l'autre un peuple choisi de Dieu : *popule meus.* Pour nous donc, comme pour les fils d'Abraham, les espérances d'immortalité reposent sur trois fondements établis par la main même du Très-Haut, fondements qui servent de base au passé et de pierre d'attente à un avenir immortel.

Le premier est la mission de la France, mission qui lui fut confiée, au jour de son baptême, par la Providence elle-même et qui ne sera achevée qu'au dernier jour du monde, à l'heure où l'Église roulera sa tente de voyageuse.

Le second est le miracle éclatant que Dieu fit pour le salut de la France, à une heure de crise suprême. Or Dieu n'intervient pas directement, visiblement, miraculeusement, pour les sauver, dans l'histoire des peuples qu'il veut laisser périr ensuite.

Le troisième est le don de choix que Dieu a fait à la France chrétienne, ce don que l'on ne fait qu'à ceux que l'on aime avec prédilection, le don de son cœur.

Tels sont les trois gages divins de l'immortalité de la France chrétienne. Laissez-moi, en termes rapides, vous en bien indiquer le sens et la portée. Il y a là des enseignements pleins d'actualité.

I

Comme il avait appelé Abraham de la Chaldée, pour lui donner une terre nouvelle qui deviendrait sa patrie et la patrie de sa race, Dieu, avec ce coup de sifflet dont parle le prophète, *sibilabo eis et congregabo illos*, appelle les Francs des forêts de la Germanie, et il leur donne ce sol qui va des Alpes aux Pyrénées, du Rhin à l'Océan, et qui deviendra la patrie d'un grand peuple.

Ce peuple, prédestiné au rôle magnifique de chevalier de Dieu, naîtra d'un acte de foi sur un champ de bataille. Après le combat, il viendra de Tolbiac à Reims courber sous la main du pontife son front victorieux et recevoir l'investiture solennelle de sa mission divine dans le monde. Ce jour-là, au milieu des douleurs, des ruines et des larmes qui désolaient l'empire envahi par les Barbares, l'Église enfantait sa fille aînée. Saint Remi, que Bossuet appelle « le Père des Français et de leurs rois », versait l'eau sainte sur le front de ce royaume naissant, qui devait donner à la religion du Christ cette forte et magnanime épée qu'on vit aux mains de Charles Martel, de Charlemagne, de saint Louis, et qui, vengeresse encore lorsqu'elle fut infidèle, n'a cessé jusqu'à nos jours de conquérir ou de punir pour le compte de Dieu.

Quand ce nouveau peuple, tout rayonnant du baptême, apparut dans le monde, un cri de joie retentit sur la terre. Saint Avit, le grand évêque de la Gaule méridionale, écrit à Clovis, le royal baptisé : « Votre foi, c'est notre victoire : *Vestra fides nostra victoria est.* Rayonnez partout et toujours : sur ceux qui vous approchent, par l'éclat de votre diadème ; sur ceux qui sont loin, par l'empire de votre majesté : *Radiate perpetuum, præsentibus diademate, absentibus majestate.* Votre bonheur est le nôtre, et chacun de vos combats est pour nous un triomphe : *Tangit etiam nos vestra felicitas.* »

Et le pape Anastase, parlant au nom du Christ dont il est le vicaire, adresse au roi franc ces magnifiques paroles : « Croissez, ô glorieux et illustre fils ! comblez notre joie et soyez notre couronne : *Impleas gaudium nostrum, et sis corona nostra.* Consolez l'Église votre mère, et dressez-vous pour elle comme une colonne de fer : *Lætifica matrem tuam, et esto illi in columnam ferream.* Notre nacelle, cette barque de Pierre, est furieusement ballottée par les flots écumants qui menacent de l'engloutir ; mais, grâce à vous, nous voulons espérer contre l'espérance même, et nous bénissons le Seigneur d'avoir ménagé à son Église, dans un si grand prince et un si grand peuple, un si puissant protecteur : *Domi-*

num collaudamus qui in tanto principe providit Ecclesiæ qui possit eam tueri. »

Ces paroles de l'auguste pontife sont le titre authentique de la mission de la France. Le pape Grégoire IX pourra donc écrire plus tard à saint Louis : « Comme autrefois la tribu de Juda, préférée à celle des autres fils du patriarche, fut enrichie d'une bénédiction spéciale, ainsi le pays de France, plus que tous les autres peuples de la terre, a reçu une prérogative d'honneur et de grâce. En choisissant ce peuple pour le spécial exécuteur de ses volontés, Dieu s'en est armé comme d'un carquois d'où il tire, à certains jours, des flèches choisies qu'il lance avec la force irrésistible de son bras, pour la protection de la foi et de la liberté religieuse : *sicut sagitta in manu Potentis.* »

Eh bien ! un peuple qui reçoit de tels gages à son berceau, qui y entend de telles prédictions ; un peuple qui entre ainsi en scène, qui prend ainsi place dans le monde, un tel peuple ne doit-il pas espérer de longs jours et un avenir sans égal ? « Qu'il aille maintenant ! lui dirai-je avec l'un de nos grands évêques[1]. Il a devant lui le plus noble des buts, la face même de Dieu. Sa traversée sera glorieuse, ses actes brilleront d'un grand éclat. Il ne sera jamais condamné à écrire l'inventaire d'une gloire finie. La vie chez lui est impérissable, parce qu'il porte au

---

[1] Mgr Berteaud, évêque de Tulle.

cœur l'amour du Christ qui est devenu son tourment glorieux, son immortel génie. »

Mais élevons-nous plus haut encore, pour
mieux voir et mieux comprendre la mission providentielle de la France.

A travers les siècles se déroule un grand
drame surnaturel auquel tout est subordonné
dans les choses humaines et qui tend à la déifi-
cation des âmes, *omnia propter electos*, drame
que saint Augustin et Bossuet ont essayé d'en-
trevoir et de décrire. L'humanité, en effet, n'est
pas ici-bas pour naître, faire de la fortune, du
plaisir, de l'ennui, de la science, de l'incrédulité
ou même de la politique, et puis mourir; elle
y est pour fournir les membres du corps mys-
tique du Christ, qui est la sainte Église.

« Si, par impossible, les membres du corps
du Christ ne devaient pas éclore dans les âges,
la succession des générations actuelles serait
brisée tout court; l'espèce des indignes serait
remplacée. A quoi bon la perpétuité d'une race
d'où la Providence ne tirerait rien ? La terre se
briserait sous nos pieds, lasse de porter cela ; le
soleil s'étendrait sur nos têtes ou marcherait
vers d'autres cieux ; toutes les sources de la vie
tariraient, la fin serait venue. Mais le corps du
Christ aura tous ses membres. Dieu attend parce
qu'il est éternel. Il veut un homme parfait ; pas
une ligne ne manquera à sa stature, pas une
grâce à sa taille ; le monde matériel ne dure
qu'à cause de cela. Quand le dernier élu sera

formé, la succession des générations humaines sera close. L'œuvre de Dieu aura reçu sa perfection suprême, le temps s'évanouira dans la grande éternité[1]. »

Écoutez Bossuet, formulant, avec la superbe concision de son génie, la grande loi du gouvernement divin : « Si les cieux se meuvent de ces mouvements éternels, dit-il, ce n'est que pour les élus de Dieu. Les peuples ne durent que tant qu'il y a des élus à tirer de leur multitude. »

Voilà les sommets sur lesquels nous transporte, avec ses ailes d'aigle, le génie éclairé par la foi. Ces vues élevées nous donnent l'intelligence de l'histoire, qui sans cette lumière resterait une énigme obscure, insoluble, indéchiffrable, tantôt comédie ridicule, tantôt tragédie sanglante.

Il y a donc un drame mystérieux qui se poursuit à travers les temps, derrière ce voile mobile et transparent des événements humains, et qui a pour but de repeupler le ciel déserté par les anges rebelles. Or, dans ce drame où chaque nation a son rôle, c'est-à-dire une fonction véritable, la France a été ornée d'un titre incomparable ; elle a été choisie pour marcher à l'avant-garde des peuples baptisés, des peuples au front lumineux. On distingue, en effet, à un reflet divin, les fronts baptisés de ceux qui ne le sont pas. « Tracez, disait le comte de Maistre, une ligne sur la mappemonde : là où s'arrête le

[1] Mgr Berteaud.

christianisme, là aussi s'arrête la civilisation. En deçà, les fronts lumineux ; au delà, les fronts obscurs. »

La France, le premier des peuples baptisés, a le front lumineux. Il y a une étoile sur son front, l'étoile brillante et matinale dont parle l'Apocalypse : *stella splendida et matutina*. Le Verbe incarné l'a élue comme le premier auxiliaire de la sainte Église, et un Père, dans un texte cité et commenté par l'éloquent évêque de Tulle, ne craint pas de l'appeler le bras glorieux du Christ, une augmentation, un crément magnifique ajouté au corps sacré du Christ : *Magnum accedet incrementum*. Dieu, en lui donnant comme principe de vie un élément surnaturel et pour but une mission providentielle, a déposé en elle des énergies fécondes qui ne s'épuiseront jamais.

J'ai voulu évoquer devant vous ces souvenirs, vous rappeler ces grandes choses, parce qu'il semble qu'un souffle de découragement passe, en ce moment, sur les âmes ; la France chrétienne paraît douter d'elle-même ; elle cherche, elle hésite ; on dirait qu'elle ne sait plus s'affirmer ni combattre. Elle a besoin de se réconforter, de se retremper, pour ainsi dire, dans les eaux vives de son baptême ; c'est ce qu'elle va faire à Reims. C'est ce que vous irez faire vous-mêmes, le mercredi 3 juin[1]. Allez-y nombreux,

---

[1] Date du pèlerinage de la paroisse de Sainte-Clotilde.

allez-y rafraîchir vos fronts à l'eau du baptême national ; vous reviendrez, la tête couverte de la rosée du matin, *caput meum plenum est rore*, rosée matinale qui est le symbole des bénédictions de Dieu et une riante image de l'immortelle beauté des âmes baptisées. Clotilde elle-même, invisible mais réellement présente, conduira le pèlerinage ; elle mettra dans vos cœurs les allégresses et les espérances qui remplissaient le sien en la nuit radieuse de Noël 496.

La France a besoin de relire l'histoire de ses origines, car c'est le même principe qui donne la naissance et qui donne la durée. Elle apprendra là qu'elle ne doit compter que sur elle-même et sur Dieu, et que ce n'est pas en unissant sa main aux mains sacrilèges qui la dévastent et la profanent, qu'elle pourra reconquérir la liberté religieuse nécessaire à l'épanouissement de son génie et de sa foi, à l'accomplissement de sa mission divine, mission qui est le premier gage de son immortalité. Il en existe un second, plus frappant encore.

II

Quand un péril imminent menaçait le peuple d'Israël, Dieu, afin d'attester à la fois sa prédilection pour ce peuple et l'invincible puissance de son bras, lui envoyait des libératrices, et il n'y a pas dans la Bible de noms plus suaves et plus glorieux que les noms d'Esther, de Débora, de Judith. Ces femmes héroïques, dans la faiblesse et la grâce de leur sexe, ont miraculeusement sauvé un peuple que Dieu ne voulait pas laisser périr.

Par une faveur spéciale du ciel, il en a été de même chez nous. Huit siècles avaient passé sur ce front d'un peuple baptisé, et la France avait grandi sous la protection du Christ; elle avait donné au monde Charlemagne et saint Louis; elle avait, de son épée victorieuse, tracé autour de Rome le patrimoine de saint Pierre, garantie nécessaire de la liberté du pape; par un élan magnifique dont on a récemment fêté à Clermont, en Auvergne, le huitième centenaire, elle avait fait les Croisades et sauvé la civilisation menacée. Mais un jour arrive où, divisée, déchirée, envahie, elle est sur le point de perdre sa nationalité et de devenir une province anglaise; ce qui, un siècle plus tard, aurait pu en faire la proie de l'hérésie. Pour la sauver, Dieu fait alors un miracle éclatant, que la science la plus obstinée est obligée de reconnaître et de proclamer.

A l'appel de saint Michel, de cet archange qui, depuis son apparition sur ce rocher battu par les flots et qui a pris son nom, était devenu le protecteur de la France, le vrai prince de l'empire des Francs, *princeps imperii Galliarum,* la vierge de Domrémy se lève; elle écoute ses voix, qui sont les voix du ciel. La poésie ne peut rien trouver de plus gracieux, la sainteté rien de plus pur, le patriotisme rien de plus français : image la plus parfaite de la France chrétienne et chevaleresque. Aussi j'aime à redire les vers de notre grand poète :

> Chez nous, Français, les fils de la chevalerie,
> Une femme, une vierge a sauvé la patrie ;
> Son âme y ressuscite à l'heure du danger,
> Son nom est le défi qu'on lance à l'étranger ;
> Car la race des Francs, que tout calvaire attire,
> S'aime et se reconnaît dans Jeanne la martyre.

Notre histoire est la seule à présenter une telle intervention de Dieu, à offrir un si étrange et si beau spectacle : une fille du peuple passant du foyer paternel au champ de bataille, de la victoire au bûcher et du bûcher au ciel : témoignage éclatant des desseins de Dieu sur notre pays.

Autrefois, les saints du ciel allaient à la bataille avec les héros de la patrie, pour bénir leurs armes. Le jour de la bataille de Bouvines, où la France mit en déroute les armées réunies de l'Allemagne et de l'Angleterre, l'église de Saint-Germain-l'Auxerrois fut consumée par les flammes. Quelque temps après on demandait au saint, devant ses reliques, comment il avait laissé brûler son église. « Ce jour-là, répondit-il, j'étais à la bataille de Bouvines. »

Et toi, Jeanne, où étais-tu, dans nos derniers malheurs ? « J'étais dans les plaines désolées de la Lorraine, où l'on m'invoquait comme la patronne des envahis ; j'étais au milieu des soldats de la France, leur soufflant au cœur le courage et la force ; la veille ou le soir des batailles, je leur apparaissais dans leurs rêves pour leur sourire, les consoler, leur parler de leur mère absente et du ciel ouvert aux braves ; je combattais à Patay avec ces héroïques enfants dont le drapeau était sacré comme le mien ; avec ma sœur Geneviève, je veillais sur les remparts de Paris pour en éloigner les hordes du moderne Attila. » Ainsi pourrait nous répondre Jeanne la Pucelle, car les saints du paradis aiment le pays qui les a vus naître.

Depuis quelque temps, vous le sayez, le souvenir de Jeanne d'Arc a été ravivé parmi nous, il devient de plus en plus populaire. L'Église, de sa voix infaillible, a décerné à l'héroïne le titre de Vénérable. On lui élève des statues jusque dans les écoles, et la jeunesse se met sous son gracieux et vaillant patronage. N'y a-t-il pas là un fait providentiel ? Au milieu des découragements et des divisions de l'heure présente, au moment où la France chrétienne semble vaincue par la France incrédule qui règne et qui gouverne, Dieu ne veut-il pas faire passer dans nos âmes un peu de cet élan, de cette ardeur, de cette intrépidité chevaleresque, que la Pucelle avait mis dans les cœurs il y a quatre siècles, et qui fit passer sur la France un souffle de résurrection ? Ouvrez vos âmes, messieurs, à ces sentiments généreux, à ces indomptables espérances; ouvrez-les au souffle de vie qui passe et qui s'échappe de la mémoire ravivée de Jeanne d'Arc. Le siècle qui verra canoniser la virginale libératrice ne peut pas marquer la fin de la France chrétienne.

Un chroniqueur du xve siècle raconte que la mère de Jeanne d'Arc aurait retrouvé, dans les cendres du bûcher et respecté des flammes, le cœur de sa fille. Il y a un autre cœur qui semble comme enseveli sous des cendres et des ruines : c'est le cœur de la France. On le retrouvera près du Cœur du Christ; car le Christ, comme dernier gage d'immortalité, a donné son Cœur à la France.

III

Dieu avait honoré le peuple d'Israël de dons magnifiques ; il lui avait confié les promesses qui renfermaient le salut du monde ; il lui avait donné l'Arche sainte et les Tables de la loi, écrites sous les éclairs fulgurants du Sinaï; il avait mis dans ses veines la goutte de sang qui, purifiée au sein virginal de Marie, devait devenir un jour le sang même du Christ et faire battre son Cœur divin.

Or, ce Cœur, le Christ lui-même, par un mouvement généreux de son amour, on a fait don à la France.

Le XVIIᵉ siècle déclinait; un bruit sourd d'impiété venait déjà frapper l'oreille de Fénelon et inspirer à l'âme attristée de Bossuet l'une de ses pages les plus éloquentes. La France avait une blessure au cœur, légère encore, mais qui pouvait devenir profonde. Le monde lui-même marchait vers ces jours ténébreux où la foi doit pâlir et la charité se refroidir : *Advesperascit, et inclinata est jam dies.* Dieu alors prépara une suprême manifestation de son amour; il nous ouvrit son cœur, il nous le donna.

Le cœur est ce qu'il y a de plus grand, de plus profond, le plus divin dans l'homme, parce qu'il est l'organe de l'amour, le siège des nobles sentiments, le foyer des grandes pensées, la source d'où jaillit l'héroïsme. L'homme se pèse au poids du cœur; il vaut ce que vaut son cœur. Aussi Lacordaire s'écriait-il un jour : « S'il fallait dresser des autels à quelque chose d'humain, j'aimerais mieux adorer la poussière du cœur que la poussière du génie. »

Partout et toujours on a honoré le cœur de l'homme; — on l'enferme, on l'enchâsse parfois, après sa mort, dans l'or ou le cristal, comme la plus noble partie de lui-même; — le Christ voulut faire adorer le sien, ce Cœur qui a soupiré le sermon sur la montagne, qui a versé les larmes au jardin des Olives, qui a répandu le sang du Calvaire sous le coup de lance du soldat

romain, qui a sauvé et consolé le monde. La
légion qui montait la garde au Calvaire venait
des Gaules, elle avait été recrutée sur la terre des
druides. C'était la légion de l'Alouette, créée par
César. Longin, qui de sa lance ouvrit le cœur
du Christ, *aperuit latus ejus*, était donc un Gaulois, un de nos ancêtres. N'y a-t-il pas là une
de ces harmonies mystérieuses, une de ces pré-
visions secrètes qui font partie des desseins de
la Providence et qui ont fait donner au Christ
le nom de roi des harmonies, *Christus musicus?*

Dieu devait un jour nous donner son Cœur,
et, plusieurs siècles à l'avance, il le faisait
ouvrir par un de nos aïeux. Il s'adressa à la
France et lui offrit son Cœur, comme un don
sublime, comme un foyer ardent, comme une
source divine qui ferait couler dans ses veines
une vie inépuisable.

C'était au XVII° siècle, dans ce siècle de toutes
les gloires et de toutes les grandeurs, auquel
Richelieu et Mazarin avaient enseigné la politique, Turenne et Condé l'art de gagner les
batailles, où parlait Bossuet, où pensait Pascal,
où écrivait Fénelon, où chantaient Corneille et
Racine, où battait le cœur de Vincent de Paul,
de cet homme le plus grand de tous, parce que,
encore une fois, le cœur vaut mieux que le génie.

Alors, loin des somptuosités de Versailles, dans
une vallée délicieuse de la Bourgogne, à Paray-
le-Monial, une première fois, le 16 juin 1675, et
une dernière fois, le 17 juin 1689, descendit le

Christ, ce vieil ami des Francs, pour qui Clovis, Charlemagne et saint Louis avaient combattu, qui avait passé devant la tente de Godefroy de Bouillon, à qui le Croisé avait tendu la main comme à un ami, dont le moine avait baisé les pieds sanglants dans ces asiles sacrés dont notre siècle aime tant la mystérieuse architecture. Ah ! le vieux sol de la patrie dut tressaillir au contact du Christ ; il dut rendre un son harmonieux, comme cette statue frappée des premiers rayons du soleil. L'aurore de la dévotion au sacré Cœur se levait sur la France et par elle sur le monde. Le cœur de la France chrétienne allait bientôt commencer à se refroidir, sous les étreintes glacées du jansénisme et de l'incrédulité naissante ; pour le ranimer et y entretenir la chaleur et la vie, le Christ venait lui donner le sien, et le donner par une vierge française.

La bienheureuse Marguerite-Marie fut investie d'une mission dont la grandeur égale, surpasse même celle de Jeanne d'Arc. Le Christ l'honora de soixante-douze visites. La plus célèbre est celle du 17 juin 1689. Ce jour-là, après avoir appelé le roi de France « le fils aîné de mon sacré Cœur », le Christ dit à Marguerite-Marie : « Je veux que mon divin Cœur soit peint sur les étendards de la France et gravé sur ses armes pour les rendre victorieuses. Je veux qu'un temple soit dédié à mon Cœur sacré. » L'image du Cœur divin n'est pas encore gravée sur les étendards et les armes de la patrie, bien qu'elle y ait momentanément paru en deux circonstances, sur les champs de bataille de la Vendée et à Patay ; mais déjà s'élève le temple réclamé par Dieu lui-même pour honorer son propre Cœur.

Ce magnifique monument, qui se dresse à l'horizon de la grande ville, sur la colline de Montmartre, pour abriter le Cœur du Christ, comme le temple de Sion abritait l'Arche sainte ; ce monument, bâti avec les deniers de la France entière, est un acte national de foi, un acte d'amour, un acte d'espérance. A genoux dans sa robe de pierre, comme autrefois le chevalier dans son armure, il prie, il pleure, il regarde le ciel à travers ses larmes. Le ciel se laissera vaincre, et la Providence n'enverra jamais un message de mort écrire sur nos ruines cette épitaphe sans espoir : *Hic jacet Gallia*, « Ci-gît la France. »

Les dons de Dieu sont sans repentance. Il nous a donné son cœur, il ne le reprendra pas. Or, au contact de ce Cœur divin, comment voulez-vous que le cœur de la France chrétienne cesse de battre ? L'esprit de Dieu, qui souffle où il veut, pousse aujourd'hui les âmes vers le sacré Cœur. Suivez cette impulsion divine. Allez au Cœur du Christ, pour y rajeunir le cœur de la France. Vous trouverez là tout ce qu'il faut : des convictions profondes, *corde creditur*, qui donnent à l'âme d'un peuple la vigueur de l'éternelle jeunesse de Dieu ; vous y trouverez un courage que rien n'abat, *confortetur cor*, parce qu'il se retrempe toujours à la source des grandes et fortes inspirations, source qui n'est autre que le Cœur même de Dieu.

Eh bien, maintenant, pour résumer et pour conclure, croyez-vous, messieurs, qu'un navire lancé à la mer après avoir été ainsi armé, bénit et baptisé, qu'un navire qui a été ainsi miraculeusement sauvé du naufrage par une intervention directe et visible de Dieu, qu'un navire, enfin, qui porte à son bord le Cœur du Christ, croyez-vous que ce navire puisse périr ? Moi, prêtre du Seigneur, je ne le crois pas. Je crois, au contraire, que ce glorieux navire, qui est la France chrétienne, poursuivra sa marche, malgré la violence de la tempête et la fureur des flots, et que le seul écueil qui puisse le briser est celui-là même qui brisera le grand vaisseau des mondes, à la fin des temps.

Redisons donc, en cette année heureuse du quatorzième centenaire du baptême de la France chrétienne, en ce jour heureux où nous fêtons la mémoire de celle qui prépara le peuple franc à ses glorieuses destinées; redisons, pleins de confiance, la prière qui s'échappait des lèvres du patriarche mourant, au souvenir de Jérusalem: « Béni soit le Seigneur qui a ainsi exalté ma patrie; qu'il règne sur elle dans les siècles des siècles, et que l'on entende toujours retentir dans ses rues l'alléluia de la résurrection : *et per vicos ejus alleluia cantabitur !* »

LES VICTIMES

DU

BAZAR DE LA CHARITÉ[1]

—

ALLOCUTION

PRONONCÉE A L'ABBAYE-AUX-BOIS LE VENDREDI 28 MAI 1897

———

Ossa quasi herba germinabunt.
Sur ces tombes où reposent leurs os cal-
cinés, s'épanouira un riche printemps.
(ISAIE, LXVI, 14.)

Parlant des martyrs immolés pour le Christ,
saint Jérôme disait qu'ils étaient le printemps de
l'Église par la fécondité de leur sang, l'éclat
de leur sacrifice et le parfum de leur mémoire
héroïque. Ils faisaient vivre à l'Église naissante
ses plus beaux jours parés de fleurs, empourprés

[1] Plusieurs dames patronnesses de la Société générale d'éducation périrent dans la catastrophe du Bazar de la charité : Mme la comtesse A. de Moustier, Mme de Suze, Mme la vicomtesse de Bonneval, Mme de Sesseval.

Une messe pour les victimes fut célébrée à l'Abbaye-aux-Bois. L'assistance, attirée par un si grand deuil, était nombreuse, recueillie, émue.

de sang, éclatants de miracles. De leurs tombeaux s'échappaient des effluves de vie.

Sur la tombe de nos martyrs de la charité va aussi s'épanouir une magnifique floraison qui consolera les deuils, ouvrira les cœurs aux divines espérances, versera dans les âmes des parfums d'immortalité : *Odor vitæ in vitam.*

Bossuet, avec sa voix habituée à gémir sur les tombeaux, parlait « des épouvantements de la mort »; mais son chant de deuil s'achevait toujours dans un cri d'espérance. Les gémissements, les pleurs, les sanglots, en montant vers le ciel, perdent leur amertume; ils deviennent un cantique attendri et suave, où la note plaintive n'est plus qu'un écho lointain des tristesses de la terre.

Certes, nous serions tentés de reprocher ses méprises à la mort, qui a fauché en pleine floraison des vies promises à toutes les joies, qui a eu de cruelles préférences pour les natures d'élite, pour les créatures exquises; qui a pris les têtes les plus nobles et les plus charmantes.

La mort n'est point aveugle : elle obéit à Dieu, et c'est Lui qui a voulu mettre dans l'holocauste les victimes les plus saintes et les plus pures, qui les a choisies pour le feu du sacrifice. Ce choix même nous révèle une intention providentielle.

Elles étaient innocentes ces nobles patriciennes, ces charmantes jeunes filles que la flamme a dévorées, au moment même où leur cœur et leur

main s'ouvraient à la charité. Cette innocence
en faisait les victimes préparées pour une expia-
tion dont Dieu seul connaît tout le mystère,
mais qui présage des jours nouveaux et meil-
leurs pour. la France chrétienne. Nous qui
croyons à la rédemption par la souffrance, nous
savons que rien ne se perd dans le monde moral,
ni une goutte de sueur, ni une goutte de sang,
ni une larme, ni une douleur.

Le sacrifice, même quand il n'est pas cherché,
pourvu qu'il soit généreusement accepté, est la
source de la vie; il a une étonnante puissance
de fécondité. Or qui dira les actes héroïques de
résignation accomplis dans la fournaise ardente?
Combien de victimes ont pris, dans leur âme,
la noble attitude de cette princesse[1] que l'on a
vue « immobile, les yeux au ciel, comme regardant une vision »! Cette vision du paradis à
travers les lueurs sinistres a réjoui ces vies
expirantes, elle a donné à ces âmes en détresse
l'intelligence de leur mission de salut.

Saint Jérôme écrivant à Paula pour la consoler de la mort de sa fille Blésilla, jeune veuve
cueillie à vingt ans, lui disait : « Dieu est bon,
et tout ce que fait un être bon doit nécessaire-
ment être bon : *Bonus Deus, et omnia quæ
bonus facit bona sint necesse est.* »

Les vues de Dieu, même quand nous ne pou-

---

[1] Mme la duchesse d'Alençon.

vons en pénétrer le mystère, sont donc des vues de bonté et de miséricorde. S'il sème la mort, c'est toujours pour faire fleurir la vie. Jusqu'au sein des ruines et des cendres, une germination secrète prépare les printemps futurs.

Une triple éclosion de vie va parer ces tombes arrosées de tant de larmes et les couvrir d'un magnifique printemps : *Ossa quasi. herba germinabunt.*

Pour les victimes, une éclosion de sympathie divine qui embaumera à jamais leur mémoire, ajoutera une noblesse nouvelle à l'éclat de leur nom, mettra à leur front cette nuance de beauté qui est l'auréole des élus : *facies et alteram coronam aureolam.*

Pour les œuvres sur lesquelles elles exerçaient leur fécond patronage, une éclosion de dévouements nouveaux, jeunes, ardents, qui seront la réponse de nos cœurs à l'appel suprême de ces nobles mourantes.

Enfin, pour la société française, dont elles étaient l'élite et la parure, une éclosion de vertus chrétiennes. Encouragée dans sa vraie mission par de si hauts exemples, l'aristocratie voudra, plus que jamais, exercer cette magistrature supérieure que Dieu a dévolue aux races patriciennes. En face de ces tombes où reposent les plus vaillantes de ses filles, elle se recueillera. Le silence et la prière, mieux que les larmes éphémères, conviennent aux grands deuils, et le meilleur moyen d'honorer ceux que l'on pleure, c'est d'imiter leurs vertus, de les suivre du regard et du cœur, jusque dans le ciel. Ils sont beaux les yeux qui regardent le ciel.

Voilà ces rayons de la bonté de Dieu, dont parlait hier une grande voix, rayons qui sont descendus sur les tombes attristées, sur les œuvres en deuil, sur les familles en larmes, pour faire fleurir la vie et l'espérance.

Votre œuvre a eu sa part dans le grand sacrifice. La Société d'éducation a des noms à inscrire sur son livre d'or. Vous connaissez ces noms, vous connaissez ces femmes généreuses qui avaient voulu attirer les bénédictions du ciel sur leurs propres enfants en favorisant l'éducation chrétienne des enfants du peuple.

Le Christ, qui aimait les enfants, qui se plaisait à les bénir de sa main caressante et qui regardait comme fait à lui-même tout ce que l'on faisait pour le plus petit d'entre eux, aura accueilli avec un sourire, dans les joies de son paradis, les nobles chrétiennes que nous pleurons. Dieu ne se laisse jamais vaincre en générosité. Il promet le ciel pour un verre d'eau donné en son nom. Que réserve-t-il donc à ceux qui, dans un acte de charité, ont fait le sacrifice de leur vie? La gloire de l'éternité couronnera ce don de soi-même : *æternum gloriæ pondus*, gloire qui fera resplendir le corps lui-même ressuscité : *refloruit caro mea*.

Pour le chrétien qui croit, qui espère et qui

aime, l'avenir n'a que des splendeurs et des joies; les drames les plus lugubres d'ici-bas ont leur dénouement dans le ciel. Pensée consolante qui suffit à mettre un baume sur tant de blessures, à faire descendre un rayon sur l'ombre de nos deuils, à raviver l'espérance dans nos cœurs.

On l'a dit avec raison : « Une œuvre bénie de Dieu ne meurt point avec les créatures dont le dévouement l'a rendue grande. » Votre œuvre ne mourra donc point. Plus nécessaire que jamais en face du nombre croissant des écoles laïcisées, elle va puiser dans l'épreuve même une vie nouvelle. Sous les bénédictions du ciel, il y aura pour elle comme un renouveau. Des chrétiennes à l'âme généreuse viendront prendre les places laissées vides et se donneront à une œuvre qui parle au cœur de toutes les mères ; elles voudront honorer par les ardeurs de leur zèle la mémoire des pieuses victimes. Une cause qui a ses martyrs est une cause sainte. La servir, c'est mériter la couronne que Dieu pose sur les fronts victorieux.

Après avoir embaumé dans les parfums de l'encens et dans les parfums de nos prières les nobles victimes que nous pleurons, nous sortirons d'ici avec la résolution de consacrer toutes nos énergies et toutes nos tendresses à cette grande cause de l'éducation chrétienne qui renferme le salut de la France.

L'avenir sera ce que seront les générations

nouvelles. Si ces générations croient en Dieu, nous pouvons espérer des jours heureux. Si tout idéal est éteint en elles, si elles ne savent plus lever les yeux vers le ciel, nous devons nous attendre à une décadence interminable et peut-être à des jours sanglants. Les peuples ont besoin d'un idéal pour les éclairer, les élever, les orienter, les pacifier. Or l'éducation chrétienne seule met cet idéal dans les âmes.

Je vous invite donc tous, messieurs, à apporter un concours généreux à la *Société d'éducation*, soit par vos largesses, soit par votre dévouement personnel.

Quant à vous, mesdames, pour qui j'ai réservé ma dernière parole : au nom de tous les petits enfants de France, qui ont droit à une éducation chrétienne, je fais appel à vos cœurs de mères. Aidez-nous à donner Dieu à ces enfants, à mettre dans leurs jeunes âmes les splendeurs de la foi et de l'idéal. Acceptez toutes le titre de Dames patronnesses de la *Société d'éducation*. Avoir son nom inscrit sur cette liste, c'est déjà l'avoir inscrit sur le *Livre de vie*, puisque Dieu regarde comme fait à lui-même ce que l'on fait pour le plus petit des enfants. Or, nous dit l'Évangile, il n'y a pas de plus grande joie que de savoir son nom inscrit dans le ciel : *Gaudete quod nomina vestra scripta sunt in cælis.*

III

Saint Jérome et Fénelon
Leurs idées sur l'éducation de la femme

—

Mme de Sévigné au sermon
Culture religieuse d'une femme du grand siècle

—

Lamennais
Ses Lettres et son action sur les âmes

SAINT JÉROME

ET FÉNELON

LEURS IDÉES SUR L'ÉDUCATION DE LA FEMME[1]

Dès l'origine, l'Église s'est vivement préoccupée de la femme, que le paganisme avait découronnée et avilie :

> La femme, ange vaincu, meurtri, traînant son aile,
> Depuis quatre mille ans est l'esclave éternelle.

Le christianisme voulut la relever, et, par elle, transformer la famille elle-même. Aussi les grands Docteurs, saint Jean Chrysostome, saint Ambroise, saint Augustin, nous ont-ils laissé, sur l'éducation de la jeune fille, des pages admirables où ils nous montrent comment elle doit se préparer à devenir « la reine de la ruche, l'ornement et l'âme du foyer ». Mais celui qui a le mieux compris et exposé avec le plus d'ampleur cette importante question est saint Jérôme, le

[1] Ces pages sont le résumé de conférences faites, à l'Abbaye-aux-Bois, aux Dames patronnesses de la Société d'éducation.

directeur illustre de tant d'âmes d'élite et qui exerça une si profonde influence sur la société romaine du ive siècle.

Dans sa vaste correspondance qui le mettait en relation avec l'univers entier, on trouve répandus çà et là, au courant de la plume, de précieux conseils et des idées fécondes sur l'éducation des jeunes filles. Mais il a écrit sur ce sujet deux lettres spéciales qui, par leur étendue, sont de vrais traités :

Une *lettre à Læta* sur l'éducation de sa fille Paula ;

Une *lettre à Gaudentius* sur l'éducation de sa fille Pacatula.

Saint François de Sales recommandait vivement aux mères la lecture de ces deux lettres, et le traducteur français de saint Jérôme, l'abbé Lagrange, y voit un traité admirable de l'éducation des jeunes chrétiennes[1]. Dans ces pages exquises où le vieux lutteur s'attendrit, il y a de la profondeur, de la délicatesse, parfois même une grâce souriante qui surprend chez l'austère Docteur. Cette grande âme se sentait attirée vers l'enfance, en qui elle voyait le germe de l'avenir, l'espérance de la société chrétienne. Jérôme adressait à Læta, la joyeuse mère, ces mots charmants : « Si vous voulez nous envoyer Paula, je m'engage à être son maître et son nourricier ; je la porterai entre mes bras ; ma vieillesse ne m'empêchera point de délier sa

---

[1] Lagrange, *Lettres choisies de saint Jérôme;* Poussielgue.

langue, de former ses premiers accents, et je serai aussi glorieux que le philosophe païen Aristote, puisque je n'instruirai point un roi mortel et périssable, mais une épouse immortelle du roi céleste. »

Selon saint Jérôme, c'est la mère elle-même qui doit présider à l'éducation de ses filles, protéger leur innocence, cultiver leur esprit, former leur cœur et leur conscience, leur donner le goût de la simplicité, de la distinction, du travail, de la prière; préparer, enfin, des fiancées pour le Christ ou des épouses pieuses qui aimeront l'intérieur du foyer et y feront régner l'Évangile.

Il est une chose sur laquelle le Docteur insiste dans ses deux lettres à Læta et à Gaudentius, c'est le travail des mains. Les opulentes patriciennes de Rome regardaient tout travail manuel comme une honte : c'était le lot de l'esclave. Saint Jérôme tient à protester, et il écrit : « Que Pacatula, de ses doigts encore tendres et délicats, apprenne à tenir la quenouille, à manier le fuseau, à renouer le fil qui si souvent se brise. » Plus tard, Joseph de Maistre donnera le même conseil à sa fille Adèle : « Dis à ta mère de t'acheter une belle quenouille et un beau fuseau. » Et Eugénie de Guérin écrira dans son *Journal* ce mot charmant : « Je file ma quenouille et je lis Bossuet. »

Les lectures de la jeune fille préoccupaient saint Jérôme. Il ne veut pas que l'on mette dans ses mains les chants des poètes, qui dans une coupe d'or renferment une liqueur enivrante et souvent mortelle. « Pendant que les oreilles sont charmées par la douce harmonie des vers, l'âme s'émeut et le cœur se laisse prendre. De tels livres sont la pâture des démons : *Dæmoniarum cibus carmina poetarum.* » Ce mot sévère s'applique au roman moderne mieux encore peut-être qu'à la poésie antique. Sous le regard candide de la jeune fille, on ne doit laisser passer que des pages virginales et pures.

Les idées de saint Jérôme se retrouvent dans le traité de Fénelon sur l'*Éducation des filles,* écrit pour la duchesse de Beauvilliers, mère de huit filles, sans compter les garçons, et qui avait demandé des conseils sur ses devoirs de mère.

Ce livre, unique et inimitable, est un petit chef-d'œuvre. Profondeur, grâce, originalité, sens exquis, tact parfait, rien n'y manque. L'esprit riant, aimable, enjoué de Fénelon a mis toute sa fleur dans ces pages écrites pour une mère. Les idées justes et les vues ingénieuses abondent. L'auteur a le regard pénétrant, et la nature de l'enfant semble n'avoir point de secrets pour lui. Aussi ses principes ont-ils une portée générale et s'appliquent à tous les temps. Les mères d'aujourd'hui peuvent s'en inspirer comme le faisait la duchesse de Beauvilliers.

Fénelon préfère l'éducation de la famille à celle du couvent. C'est la mère elle-même qui doit élever sa fille, en choisissant des auxiliaires pour les études de l'enfant. Le sage prélat ne veut pas de femmes savantes, mais il veut des femmes instruites. Il redoute le vide de l'esprit, qui incline à la frivolité et à l'inconstance. « Les filles mal instruites, dit-il, ont une imagination toujours errante. Faute d'aliment solide, leur curiosité se tourne avec ardeur vers les objets vains et dangereux. Celles qui ont de l'esprit s'érigent en précieuses. Elles affectent de s'ennuyer par délicatesse. »

Saint Jérôme, pensant au lis de Salomon et au charme exquis des paroles du Sauveur, avait déjà dit : « La poésie ne diminue en rien la majesté de l'Évangile. » Fénelon veut aussi que pour instruire les jeunes filles on choisisse dans les histoires de la religion tout ce qui en donne les images les plus riantes et les plus magnifiques, parce qu'il faut employer tout pour faire en sorte que les enfants trouvent la religion belle, aimable et auguste; au lieu qu'ils se la représentent d'ordinaire comme quelque chose de triste et de languissant. » Il faut, en effet, donner à la jeune fille une foi éclairée et lui inspirer une piété joyeuse.

En plein XVIIe siècle, qui fut, par excellence, le siècle de la règle et de la raison, des esprits faux et chimériques rêvaient déjà l'égalité des droits pour l'homme et la femme, et leur admission aux mêmes emplois. Un certain Poulain de la Barre, dans un livre intitulé : *De l'Égalité des deux sexes,* écrivait : « Si l'on trouvait chose plaisante d'abord, de voir une femme enseigner dans une chaire l'éloquence et la médecine en qualité de professeur, haranguer devant les juges en qualité d'avocat, être assise au tribunal pour y rendre la justice, parler devant les princes à la tête d'une ambassade, ce n'est que faute d'habitude, on s'y ferait. »

Fénelon fait bonne justice de ces utopies, qui, sous prétexte de grandir la femme, la détournent de sa vraie destinée et lui enlèvent ce charme voilé qui constitue sa vraie beauté. L'idéal de la femme est d'être l'inspiratrice discrète des nobles pensées, d'exercer une influence mystérieuse et cachée, de fuir tout ce qui pourrait troubler la sérénité de son front, de craindre tout éclat trop vif et de ne rechercher d'autre lumière que celle qui rayonne au temple et au foyer. Le propre des natures vraiment distinguées est de fuir le bruit et l'éclat, de s'accommoder du silence et de l'ombre. Fénelon aurait applaudi ce vers de notre poète contemporain :

On parle à mots couverts de ces anges voilés.

Lui-même, à la fin de son traité, résume en une phrase concise la mission de la femme, de l'épouse, de la mère : « Elle a, dit-il, une maison à régler, un mari à rendre heureux, des enfants à élever. »

Le cardinal Mermillod disait, un jour, dans

un salon parisien : « L'avenir est fils de la femme plus que de l'homme. » Le mot est profond et vrai. Oui, c'est la femme surtout qui prépare l'avenir par la formation de ses fils. L'éducation est son œuvre plus que l'œuvre de l'homme. C'est elle qui met sur ses enfants l'empreinte de son âme et le sceau divin, ce que saint Augustin nomme magnifiquement « les armoiries de l'éternité ». Mais pour graver profondément, de manière à les rendre ineffaçables, ce sceau divin, ces divines armoiries, sur l'âme et le front de ses enfants, il faut que la mère elle-même soit une grande chrétienne et qu'elle ait été élevée selon les principes de saint Jérôme et de Fénelon.

MADAME DE SÉVIGNÉ

AU SERMON

CULTURE RELIGIEUSE D'UNE FEMME DU GRAND SIÈCLE

—

CONFÉRENCE

FAITE AU CERCLE DU LUXEMBOURG LE 7 MAI 1894

—

Mesdames, Messieurs,

Deux siècles ont déjà passé sur la tombe de Mme de Sévigné, et sa mémoire est plus vivante que jamais parmi nous. Le temps, qui ne vieillissait point « son front toujours jeune », ne vieillit point son souvenir. Elle avait reçu au berceau ce qu'on appelait autrefois le don français, le don du charme ; « le charme, rayon arraché à quelque coin du ciel pour éclairer certaines figures. » Or ce rayon a fait à la petite-fille de Mme de Chantal une auréole qui ne s'effacera point.

Avec son visage ouvert et son épanouissement d'honnête joie, la spirituelle marquise est la femme qui reflète le mieux la grâce, l'esprit et le bon sens français. Cette rieuse au bon cœur, comme on l'a appelée[1], — rieuse qui nous parle souvent de ses larmes, — réunit en elle les meilleures qualités de notre race. Aussi y a-t-il un intérêt inépuisable à l'étudier. Nature franche, expansive, exubérante, elle nous livre tous les trésors de son esprit et de son cœur.

Placée au centre de son siècle comme un écho harmonieux et sonore, elle nous redit avec un accent personnel tout ce qu'elle entend, tout ce qui vibre autour d'elle, sur la lyre de Corneille, sur les lèvres frémissantes de Bossuet ou sur les lèvres mourantes de la jeune duchesse d'Orléans. En son âme, comme en un lac limpide, nous trouvons l'image purifiée de ce grand XVIIe siècle, le plus grand et le plus beau de notre histoire, parce qu'il avait pris pour devise ce vers du poète :

C'est pour la vérité que Dieu fit le génie.

Il y a donc, dans les lettres de Mme de Sévigné, un double charme : celui qu'on éprouve à pénétrer dans l'intimité d'une belle âme, et celui qu'on ressent à voir de près une de ces époques que le génie a décorées de ses plus riches splendeurs.

Ces lettres, qui remplissent seize volumes et sont au nombre de mille cinq cents, je les ai relues pour préparer cette conférence. Lecture

[1] Vallery-Radot, *Mme de Sévigné*.

attrayante, car on peut dire de ces *Lettres* ce que la marquise elle-même disait un jour des *Fables* de La Fontaine : « C'est comme un panier de cerises; on commence par manger les plus belles, et on finit par tout manger. » Offrez-vous ce régal, mesdames, et vous verrez que toutes les cerises du panier ont la même saveur. Chez Mme de Sévigné, rien ne trahit jamais son âge : « Elle semblait toujours jeune à ses amis[1]. » Nous avons ses dernières lettres, écrites dans sa soixante-dixième année; elles sont aussi gracieuses, aussi spirituelles, aussi piquantes, aussi animées que celles de sa première jeunesse. On dirait un amandier toujours en fleur.

La seule chose que l'on regrette de trouver parfois dans ces lettres, ce sont quelques éclats de rire un peu trop gaulois. Mme de Sévigné, très honnête femme, excellente chrétienne, n'était pas prude : elle avait la parole libre et gaie.

Louis Veuillot, qui lui aussi a laissé des lettres immortelles, avait un culte pour Mme de Sévigné : « J'ai, dit-il, conservé l'habitude d'avoir toujours son livre sous la main, et de l'ouvrir au hasard. Heureux livre! qui n'a que des pages charmantes et pures, semblable à une campagne pleine partout d'épais gazons, de grands arbres et d'eaux vives, où l'on s'aventure sans aucune appréhension de rencontrer ni reptiles, ni mares infectes, ni chiens enragés, et pas même un seul

____
[1] Gaston Boissier, *Mme de Sévigné.*

visage désagréable, puisque enfin cette marquise est toujours là, vive, fine, joyeuse ou attendrie, pour donner un tour plaisant aux importuns et les congédier avant qu'ils ennuient. »

Ailleurs, le grand écrivain signale avec esprit et indulgence les allures parfois un peu lestes de cette plume qui trotte, la bride sur le cou : « Notre grande et chère marquise parfois cède au plaisir de conter drôlement à sa fille quelque drôlerie du grand siècle. On aimerait autant à ne pas rencontrer ce pied de bouc dans son livre. Mais d'abord elle ne faisait pas un livre, elle n'imprimait rien, l'admirable femme ! Elle causait au coin du feu, portes closes, valets absents, enfants couchés. Trop parfaitement honnête en tous ses comportements pour avoir besoin de dire qu'elle blâmait ce qui la faisait rire. Si un benêt d'éditeur, qu'on n'ose blâmer, n'a point voulu passer la plume sur ces traits échappés dans l'intimité de l'entretien, et baisser cette guimpe que soulève la rapide course de l'esprit, c'est la faute de l'éditeur, non la sienne. Elle reste chaste et digne par ses mœurs, par son génie, par son amour, par sa piété. »

Ouvrons donc le livre où la grande et chère marquise a mis, en se jouant, la fleur de son esprit et la fleur de son siècle. Avec sa grâce légère et souriante, elle personnifie le génie français bien mieux que « cette grenadière de lettres qui fut Mme de Staël ».

Je pourrais vous montrer Mme de Sévigné à la ville, à la campagne, à la cour, au théâtre, où, comme le grand Condé, elle pleure aux vers du grand Corneille; à Saint-Cyr, où l'attire l'amitié de Mme de Maintenon, où elle admire *Esther* et cause avec le roi; en son hôtel Carnavalet, dans son château des Rochers; dans le salon de Mme de Lafayette, où elle met en verve La Rochefoucauld vieilli; en Bretagne, en Bourgogne, en Provence, aux eaux de Vichy et de Bourbon; chez ses amis Fouquet, Pélisson, le grand Pomponne et le cardinal de Retz, « le héros du Bréviaire, » ou enfin, car elle nous mène partout, dans cette réunion de veuves dont elle parle ainsi : « Nous tînmes hier, chapitre chez Mme de Lavardin, toutes les veuves, et Mlle de La Rochefoucauld, reçue dans le corps. » Mais, pour ne point repasser sur des chemins si souvent parcourus, je préfère la suivre au sermon, dans les églises alors à la mode, et où l'on pouvait entendre dans un même carême Bossuet au Louvre, Mascaron à l'Oratoire, Bourdaloue à Saint-Jacques-de-la-Boucherie.

C'est au pied de la chaire que s'achevait l'éducation des femmes du grand siècle. Elles y recevaient une haute culture religieuse qui les initiait aux grandes questions de la théologie, rendait leur foi éclairée et solide. Alors les matinées théâtrales et les champs de courses ne faisaient pas déserter les églises. La piété et la mode s'unissaient pour préparer à la parole évangélique des auditoires nombreux, brillants, instruits, capables de pénétrer dans les profondeurs de la morale et de l'âme humaine, ou de s'élever sur les sommets du dogme catholique.

Avide d'écouter les prédicateurs en vogue, Mme de Sévigné avait ses préférés, je dirai même ses protégés. Aussi peut-on, avec ses lettres, tracer un tableau pittoresque de l'éloquence religieuse pendant le grand siècle. Son âme vibrante était sensible aux accents d'une voix émue et sympathique. Elle écrivait un jour à sa fille : « Personne n'est plus touché que moi des charmes de l'éloquence. » Et, comme à son cousin le comte de Bussy, il lui fallait tous les hivers « le Père Bourdaloue et un opéra nouveau ».

Mais avant d'aller nous asseoir avec elle au pied d'une chaire, au milieu de ces auditoires à la fois sérieux et brillants, que charmaient et passionnaient les grandes voix de Bossuet, de Bourdaloue et de tant d'autres, il faut connaître ses dispositions intérieures, les sentiments qui agitaient son âme et qui débordent dans ses lettres.

Solide chrétienne, Mme de Sévigné n'était pas dévote ; c'était l'un de ses regrets. Elle aurait voulu « être dans le bel air de la dévotion ». « Une de mes grandes envies, écrit-elle à sa fille, ce serait d'être dévote... Je ne suis ni à

Dieu ni à diable... Cet état m'ennuie, quoique
entre nous je le trouve le plus naturel du
monde. »

Tous les matins, elle assiste à la messe et en
fait célébrer une pour sa fille. « Je fais tous les
jours dire une messe pour vous ; c'est une dévotion qui n'est pas chimérique. » Elle dit son
chapelet, elle gagne son jubilé, elle célèbre avec
piété les fêtes de l'Église ; elle aime les cérémonies religieuses, les prises de voile au grand
couvent de la rue Saint-Jacques, les processions
qui se déroulent en chantant derrière la châsse
de sainte Geneviève, portée par vingt hommes
habillés de blanc.

Elle nous dit le nom de ses directeurs. Aucun
ne fut jésuite. Le Père Lauras le constate avec un
mélancolique regret : « La marquise, dit-il, qui
entend volontiers les beaux discours à Saint-
Louis, n'y va pas chercher la direction de son
âme [1]. » Son premier directeur fut un vénérable
prêtre du clergé de Paris, l'abbé Hopines, aux
allures un peu rudes et à la morale sévère.
Mme de Sévigné cite un trait plaisant. Elle avait
une petite chienne dont le nom revient souvent
dans ses premières lettres, *Marphise*, qu'elle
aimait à voir briller et courir devant elle. Il
fallut la sacrifier comme un luxe inutile et qui
diminuait le budget des pauvres. Aussi, plus
tard, l'obéissante marquise hésita-t-elle à accep-

______

[1] P. Lauras, S. J., *Bourdaloue, sa vie et ses œuvres.*

ter un joli petit chien que lui offrait la princesse de Tarente. C'était aux Rochers; elle en conte ainsi l'histoire à sa fille :

« Vous êtes étonnée que j'aie un petit chien; voici l'aventure. J'appelais par contenance une chienne courante d'une madame qui demeure au bout du parc. Mᵐᵉ de Tarente me dit : « Quoi! « vous savez appeler un chien? Je veux vous en « envoyer un, le plus joli du monde. » Je la remerciai, et lui dis la résolution que j'avais prise de ne me plus engager dans cette sottise. Cela se passe, on n'y pense plus. Deux jours après, je vois entrer un valet de chambre avec une petite maison de chien, toute pleine de rubans, et sortir de cette jolie maison un petit chien tout parfumé, d'une beauté extraordinaire. Des oreilles, des soies, une haleine douce, petit comme Sylphide[1], blondin comme un blondin, jamais je ne fus plus étonnée ni plus embarrassée. Je voulus le renvoyer; on ne voulut jamais le reporter. La femme de chambre qui l'avait élevé en a pensé mourir de douleur. Il ne mange que du pain. Je ne m'y attache point, mais il commence à m'aimer; je crains de succomber. Il s'appelle *Fidèle*. »

Heureusement pour *Fidèle*, M. Hopines était mort. Mᵐᵉ de Sévigné l'avait remplacé par un Père feuillant[2], dont elle fait ainsi le portrait

---

[1] Mᵐᵉ de Coulanges.

[2] Les Feuillants étaient des Bénédictins de l'ordre de Cîteaux.

dans une lettre à la comtesse de Guitaud : « Dès que M. Hopines fut mort, il me parut que si le Père prieur de Sainte-Catherine, que j'estime depuis longtemps, voulait prendre soin de ma pauvre âme, j'en serais trop heureuse. Je le lui demandai; il me parut qu'il ne me refusait point, et depuis ce temps je ne suis appliquée qu'à prendre sur moi de ne point abuser de son temps. Il a bien de l'esprit; j'aimerais fort à causer avec lui, mais je respecte ses occupations, son esprit de retraite. En un mot, j'entre dans le goût qu'il a de ne point ressembler à ses voisins[1], et je le traite à sa mode, qui est aussi tout à fait la mienne. Car plus je vois de certaines femmes ne parler que de leur directeur, dîner avec lui et le recevoir en visite, plus là vie retirée de ce Père et sa solitude me le font paraître précieux et digne de la bonne opinion que j'en ai toujours eue. »

Dans ses entretiens discrets avec son directeur, Mme de Sévigné, en mère aimante, lui parlait de ses enfants, surtout de son fils, le jeune Charles de Sévigné, qui fréquentait un peu trop le salon de la fameuse Ninon de Lenclos. « Qu'elle est dangereuse, cette Ninon! écrivait un jour la mère alarmée; si vous saviez comme elle dogmatise sur la religion, cela vous ferait horreur. »

Et quand son fils revenait, que lui disait

[1] Les Jésuites de la rue Saint-Antoine.

Mme de Sévigné avec cette éloquence cachée dans le cœur des mères? Écoutez, mesdames : « Je lui disais toujours un petit mot de Dieu; je le faisais souvenir de ses bons sentiments passés, et le priais de ne point étouffer le Saint-Esprit dans son cœur. »

Cette grande chrétienne n'était pas seulement préparée à entendre et à goûter la parole divine par la piété réelle de son âme, elle y était encore préparée par ses lectures et son goût exquis.

Comme plusieurs femmes de son temps et de son monde, Mme de Sévigné avait étudié le latin, l'espagnol, l'italien; aussi pouvait-elle lire Virgile dans « toute la majesté du texte latin », et la *Jérusalem délivrée* dans la langue même du Tasse. Elle plaint ceux qui n'aiment point à lire. Pour elle, c'est une vraie « dévoreuse de livres ». Et que lit-elle? Ses lectures sont très variées. Elle passe, avec une admirable souplesse d'intelligence, de la *Princesse de Clèves*, ce gracieux roman dû à la plume si chaste de Mme de La Fayette, à l'*Histoire de l'Église*, de Godeau, évêque de Grasse; et même à la *Cité de Dieu*, de saint Augustin. Elle n'est donc point exclusive, et son esprit est largement ouvert; mais son goût est aux lectures sérieuses, à celles qui alimentent sa foi : « Il viendra un jour, dit-elle, où l'on sera bien heureux de s'être nourri dans ces sortes de pensées chrétiennes. La mort est affreuse quand on est dénué de tout ce qui peut consoler en cet état. »

Elle écrit des Rochers à sa fille : « J'ai apporté ici quantité de livres choisis; je les ai rangés ce matin. On ne met pas la main sur un, tel qu'il soit, qu'on n'ait envie de le lire tout entier. Toute une tablette de dévotion, et quelle dévotion ! L'autre est toute d'histoires aimables; l'autre de morale; l'autre de poésie et de nouvelles, et de mémoires. Les romans sont méprisés et ont gagné les petites armoires. »

Mme de Sévigné se passionne pour ce qu'elle lit. Après une lecture de *Cinna* et de *Polyeucte*, elle s'écrie : « Vive donc notre vieil ami Corneille ! » Et à propos d'un récent ouvrage de Bossuet, elle dit à sa fille : « Nous lisons les *Variations* de M. de Meaux. Ah ! le beau livre, à mon gré ! »

Elle remonte jusqu'aux Pères de l'Église : « Nous lisons toujours saint Augustin avec transport, écrit-elle; il y a quelque chose de si noble et de si grand dans ses pensées ! » Et un autre jour : « Nous lisons quelquefois les *Homélies* de saint Jean Chrysostome; cela est divin. » Ce goût des livres sérieux, elle le communique à sa fille et la félicite d'avoir entrepris la lecture de saint Paul et de saint Augustin. « Voilà les bons ouvriers pour établir la souveraine volonté de Dieu. »

Une femme qui lisait ainsi saint Augustin et Jean Bouche-d'Or devait savoir goûter la sérieuse éloquence de Bossuet, de Bourdaloue et des autres prédicateurs du grand siècle. La culture religieuse de son âme en faisait une auditrice admirablement préparée.

Le premier qui fixa son attention et la tint subjuguée sous son fier génie fut Bossuet, avec son éloquence « pleine à la fois de soleil et de tonnerres[1] ». Bossuet et Sévigné! Le grand évêque et la grande dame! Ce sont bien les deux figures les plus rayonnantes, les plus séduisantes du grand siècle. Nés presque en même temps et dans le même pays, ils se rencontrèrent plus tard à Paris, où nous voyons Bossuet dans les salons de l'hôtel Carnavalet, en qualité d'ami de la famille, écoutant le récit que lui fait Mme de Sévigné d'un accident tragique survenu à sa fille, Mme de Grignan, qui avait failli se noyer dans le Rhône, au pont d'Avignon.

« J'ai fait transir M. de Condom sur le récit de votre aventure; il vous aime toujours de tout son cœur. »

Il y a dans les lettres de la marquise des mots charmants sur le grand évêque. Elle l'honore, elle l'admire, elle l'aime. Après l'avoir entendu, elle dit : « M. Bossuet se bat à outrance avec son auditoire; tous ses sermons sont des combats à mort. » Elle est heureuse de se trouver auprès de lui dans deux réunions bien diffé-

[1] L. Veuillot, *Molière et Bourdaloue.*

rentes : à Saint-Denis, pour les funérailles de
Turenne ; à Saint-Cyr, pour la représentation
d'*Esther*.

Mais elle portait au cœur un triple regret :
elle n'avait pu entendre ni l'*Oraison funèbre de
la duchesse d'Orléans*, ni le *Sermon pour la
profession de M*^{lle} *de La Vallière*, ni l'*Oraison
funèbre de Condé*, ces trois plus grands chefs-
d'œuvre de l'éloquence moderne.

Elle, qui connaissait et aimait cette charmante
Henriette d'Angleterre, qu'une mort prématurée
et mystérieuse moissonna dans sa fleur, elle
aurait voulu voir Bossuet, attendri jusqu'aux
larmes, ensevelir pieusement la jeune princesse
dans les grands plis de son éloquence. Or ce jour-
là, 21 août 1670, Mme de Sévigné n'avait pas pu
aller à Saint-Denis. Un malentendu la retint
également loin du Carmel de la rue Saint-
Jacques, le jour où Bossuet sut si bien « décon-
certer la curiosité publique » en prêchant la
profession de Mlle de La Vallière, « cette petite
violette qui ~achait sous l'herbe, selon le mot
gracieux de Mme de Sévigné ; cette belle et cou-
rageuse personne, » qui devenait, sous le voile,
Louise de la Miséricorde, et devait y pleurer,
pendant trente-six ans, les premiers troubles et
les faiblesses de son cœur.

Le 10 mars 1687, avait lieu à Notre-Dame
« la plus belle, la plus magnifique et la plus
triomphante pompe funèbre qui ait jamais été
faite depuis qu'il y a des mortels », dit Mme de

Sévigné. C'était celle du vainqueur de Rocroy. Et la marquise décrit cette pompeuse décoration que tout le monde a été voir : le mausolée, les écussons, les tentures, les fleurs de lis d'une couleur sombre, et « ces figures qui semblent pleurer autour d'un tombeau, et ces fragiles images d'une douleur que le temps emporte avec tout le reste, et ces colonnes qui semblent vouloir porter jusqu'au ciel le magnifique témoignage de notre néant ». Mais si elle a vu toutes ces splendeurs funèbres, elle n'était point là au moment où Bossuet a fait apparaître dans la chaire sa tête déjà blanchie et prononcé les plus émouvantes paroles que les hommes aient jamais entendues. Elle se contente d'écrire : « Je viens de voir un prélat qui était à l'oraison funèbre. Il nous a dit que M. de Meaux s'était surpassé lui-même. » L'oraison funèbre à peine imprimée, elle s'empresse de la lire et la trouve « fort belle et de main de maître ». C'est une fresque immense; œuvre d'un fier et lumineux pinceau, qui fait songer à Raphaël et à Michel-Ange.

Plus tard, alors que ses beaux cheveux auront aussi blanchi, elle relira, dans sa solitude des Rochers, au fond de la Bretagne, les oraisons funèbres du grand évêque, et elle écrira à sa fille, le 11 janvier 1690 : « Nous relisons toutes les belles oraisons funèbres de M. de Meaux; nous repleurons M. de Turenne, M. le Prince, feu Madame, la reine d'Angleterre : nous admirons ce portrait de Cromwell; ce sont des chefs-

d'œuvre d'éloquence qui charment l'esprit ; il ne
faut point dire : Oh ! cela est vieux ; non, cela
n'est point vieux, cela est divin. »

Cette fréquentation d'un si grand génie inspirait Mᵐᵉ de Sévigné, et l'on trouve parfois dans
ses lettres telle page qu'aurait pu signer Bossuet, comme celle-ci qui rappelle le passage si
connu sur la rapidité de la vie, *Marche, marche !*
et que la marquise écrivait à l'âge de soixante-
deux ans :

« Il me semble que j'ai été traînée, malgré
moi, à ce point fatal où il faut souffrir la vieillesse ; je la vois, m'y voilà, et je voudrais bien,
au moins, ménager de ne pas aller plus loin, de
ne point avancer dans ce chemin des infirmités,
des douleurs, des pertes de mémoire, des défi-
gurements qui sont près de m'outrager, et j'entends une voix qui dit : Il faut marcher malgré
vous, ou bien, si vous ne voulez pas, il faut
mourir, qui est une autre extrémité à quoi la
nature répugne. » N'est-ce pas l'accent même
de Bossuet ?

Après Bossuet, celui des prédicateurs du
grand siècle qui entra le plus dans l'intimité de
Mᵐᵉ de Sévigné fut le Père Mascaron, de l'Oratoire, qui devint évêque de Tulle et d'Agen.
Elle écrit à sa fille, le 6 mars 1679 : « M. de
Tulle est fort de mes amis. » Elle avait fait sa
connaissance pendant qu'il prêchait dans sa
paroisse, en l'église Saint-Paul, église aujour-

d'hui démolie, mais qui était alors une des églises à la mode, parce qu'elle était situé en plein Marais, dans le voisinage de la place Royale, quartier le plus aristocratique de Paris au xviiᵉ siècle. C'est là que Mascaron prêchait le carême en 1671. Mᵐᵉ de Sévigné était l'une des plus assidues et ne se lassait point d'entendre cette parole chaude et colorée. Pour voir le prédicateur de plus près, elle l'invita un jour à dîner, et voici comment elle raconte la chose à sa fille :

« Il me vint hier un gentilhomme d'Aix. Il m'a trouvée avec le Père Mascaron, à qui je donnais un très beau dîner. Comme il prêche à ma paroisse, et qu'il vint me voir l'autre jour, j'ai pensé que cela était d'une vraie petite dévote de lui donner un repas. Il est de Marseille et a trouvé fort bon d'entendre parler de Provence. »

La marquise cultiva l'amitié de Mascaron. Elle se rencontra avec lui auprès du lit de mort du chancelier Séguier et au service funèbre célébré, le 5 mai 1672, dans la chapelle de l'Oratoire.

« L'assemblée était belle et grande, écrit-elle ; j'étais auprès de M. de Tulle, de M. Colbert, de M. de Monmouth. Il est venu un jeune Père de l'Oratoire pour faire l'oraison funèbre ; j'ai dit à M. de Tulle de le faire descendre et de monter à sa place, et que rien ne pouvait soutenir la beauté du spectacle et la perfection de la musique, que la force de son éloquence. Ma fille, ce jeune homme a commencé en tremblant, tout le monde tremblait aussi ; il a débuté par un accent provençal ; il est de Marseille ; il s'appelle Léné ; mais, en sortant de son trouble, il est entré dans un chemin si lumineux ; il a si bien établi son discours ; il a donné au défunt des louanges si mesurées ; il a passé par tous les endroits délicats avec tant d'adresse ; il a si bien mis dans tout son jour tout ce qui pouvait être admiré ; il a fait des traits d'éloquence et des coups de maître si à propos et de si bonne grâce, que tout le monde, je dis tout le monde, sans exception, s'en est écrié, et chacun était charmé d'une action si parfaite et si achevée. C'est un homme de vingt-huit ans, intime ami de M. de Tulle, qui l'emmène avec lui dans son diocèse : nous le voulions nommer le chevalier Mascaron ; mais je crois qu'il surpassera son aîné. »

Ce présage ne se réalisa point, et le Père Léné, de l'Oratoire, malgré toutes les promesses de son jeune talent, ne nous est guère connu que par M{{me}} de Sévigné, qu'il eut la bonne fortune d'avoir un jour dans son auditoire ; elle a transmis son nom à la postérité, en le fixant dans ses lettres immortelles.

Le triomphe de Mascaron fut l'oraison funèbre de Turenne, prononcée aux Carmélites de la rue Saint-Jacques, où avait été déposé le cœur du héros, ce cœur qui repose aujourd'hui sous le dôme étincelant des Invalides. Mascaron se rencontra sur ce sujet avec Fléchier, et le xviie siècle partagea son admiration entre les deux grands orateurs. Cette lutte oratoire est admirablement décrite dans les lettres de Mme de Sévigné.

La marquise est d'abord sous le charme de la parole ardente de l'évêque de Tulle, et, le 6 novembre 1675, elle écrit à sa fille : « M. de Tulle a surpassé tout ce qu'on espérait de lui dans l'oraison funèbre de M. de Turenne ; c'est une action pour l'immortalité. »

Elle y revient, quatre jours après, le 10 novembre. « On ne parle que de cette admirable oraison funèbre de M. de Tulle ; il n'y a qu'un cri d'admiration sur cette action. Son texte était : *Domine, probasti me et cognovisti me*, et cela fut traité divinement ; il y a des endroits qui ont fait pleurer tous les assistants. J'ai bien envie de la voir imprimée. »

Enfin, le 1er janvier 1676, elle écrit encore : « Ne vous a-t-on pas envoyé l'*Oraison funèbre de M. de Turenne ?* On dit que l'abbé Fléchier veut la surpasser, mais je l'en défie ; il pourra parler d'un héros, mais ce ne sera pas M. de Turenne ; et voilà ce que M. de Tulle a fait divinement à mon gré. La peinture de son cœur est un chef-d'œuvre ; et cette droiture, cette naïveté, cette vérité dont il était pétri ; enfin, ce caractère, comme il dit, également éloigné de la souplesse, de l'orgueil et du faste de la modestie. Je vous assure que j'en suis charmée; et si les critiques ne l'estiment plus depuis qu'elle est imprimée,

Je rends grâce aux dieux de n'être pas Romain.

Mais, le 10 janvier 1675, Fléchier est dans la chaire de l'église Saint-Eustache, devant l'un de ces brillants auditoires tel que pouvait en fournir le grand siècle. La ville et la cour sont là pour pleurer encore une fois M. de Turenne. Malgré le défi de Mme de Sévigné, Fléchier surpasse Mascaron. Plus tard, retirée aux Rochers, la spirituelle marquise en fera elle-même l'aveu en ces termes :

« En arrivant, Mme de Lavardin me parla de l'oraison funèbre de Fléchier; nous la fîmes lire; et j'en demande mille et mille pardons à M. de Tulle, mais il me paraît que celle-ci était au-dessus de la sienne, je la trouve plus également belle partout; je l'écoutai avec étonnement, ne croyant pas qu'il fût possible de trouver encore de nouvelles manières de dire les mêmes choses; en un mot, j'en fus charmée. »

Et néanmoins, mesdames, ce n'est ni Mascaron ni Fléchier, malgré toutes leurs belles phrases arrangées comme des draperies de catafalque, qui ont fait la meilleure oraison funèbre de Turenne. C'est Mme de Sévigné elle-même. Oui, c'est elle qui, dans une série de lettres vives, simples, émues, nous fait retentir au cœur

le sanglot de toute la France devant le cercueil
de ce grand mort qui disait un jour: « Tant
qu'il y aura un Allemand de ce côté-ci du Rhin,
aucun Français ne doit dormir d'un sommeil
tranquille. » Je ne citerai que la dernière lettre
de la marquise en pleurs, sur la mort d'un
héros dont elle connaissait et appréciait le grand
cœur. Vous verrez les traits et les larmes jaillir
de sa plume.

« Vraiment, ma fille, je m'en vais vous parler
encore de M. de Turenne. Mme d'Elbeuf, qui
demeure depuis quelques jours chez le cardinal
de Bouillon, me pria hier de dîner avec eux
deux, pour parler de leur affliction. Mme de La
Fayette y était. Nous fîmes bien précisément ce
que nous avions résolu : les yeux ne nous
séchèrent pas. Elle avait un portrait divinement
bien fait de ce héros, et tout son train était
arrivé à onze heures : tous ces pauvres gens
étaient fondus en larmes, et déjà tous habillés
en deuil. Il vint trois gentilshommes qui pen-
sèrent mourir de voir ce portrait : c'étaient des
cris qui faisaient fendre le cœur. Le premier qui
put prononcer une parole répondit à nos tristes
questions ; nous nous fîmes raconter sa mort. Il
voulait se confesser le soir, et devait communier
le lendemain, qui était un dimanche. Il croyait
donner la bataille, et monta à cheval à deux
heures, le samedi... »

Là se trouve le récit qui est dans toutes les
mémoires, et ce canon « chargé depuis une éter-

nité », et M. de Condom qui pensa s'évanouir
en apprenant la funèbre nouvelle, et ce deuil
de toute une armée, et ces larmes de tout un
peuple, et la fureur de ces soldats dont les cris
s'entendaient de deux lieues et qui voulaient
qu'on les menât au combat pour venger la mort
de leur père, de leur général.

Mme de Sévigné termine par ces mots que les
siècles ne feront point mentir : « Ce fleuve qui
entraîne tout, n'entraînera pas sitôt une telle
mémoire ; elle est consacrée à l'immortalité. »

Le XVIIe siècle savait pleurer et honorer ses
grands morts. Aussi est-ce le siècle des oraisons
funèbres. Nous avons celle de la duchesse de
Longueville, sœur du grand Condé, l'altière et
séduisante frondeuse qui, après avoir, en compagnie de la duchesse de Chevreuse et de la comtesse Palatine, troublé tant de cœurs et ourdi
tant d'intrigues, se retira au carmel de la rue
Saint-Jacques pour reposer son âme fatiguée
et recueillir ses dernières années. Elle y mourut
le 15 avril 1679. L'évêque d'Autun, Gabriel de
Roquette, fut chargé de l'oraison funèbre. Boileau a honoré ce prédicateur d'une bien méchante
épigramme :

> On dit que l'abbé Roquette
> Prêche les sermons d'autrui ;
> Moi qui sais qu'il les achète,
> Je soutiens qu'ils sont à lui.

Mme de Sévigné, qui assistait à l'oraison

funèbre de la duchesse de Longueville, est plus indulgente. Elle décrit d'abord l'auditoire où se trouvaient Condé, les yeux pleins de larmes, M. le duc son fils, les princes de Conti, Mmes de Séségaud, de Chaulnes, Mlles de La Rochefoucauld, et d'autres grands noms. Elle dit ensuite, parlant de l'orateur :

« Il a fait l'oraison funèbre avec toute la capacité, toute la grâce et toute l'habileté dont un homme puisse être capable, parcourant toute la vie de cette princesse avec une adresse incroyable, passant tous les endroits délicats, disant ce qu'il fallait dire et ne disant pas ce qu'il fallait taire. Son texte était : *Fallax pulchritudo, mulier timens Deum laudabitur.* Il fit deux points également beaux ; il parla de sa beauté et de toutes ces guerres passées, d'une manière inimitable ; et, pour la seconde partie, vous jugez bien qu'une pénitence de vingt-sept ans est un beau champ pour conduire une si belle âme jusque dans le ciel. »

Mme de Sévigné n'allait pas seulement au sermon dans les circonstances solennelles, quand elle y était attirée par une cérémonie spéciale, prise de voile, service funèbre, ou par une de ces belles Passions dont elle était si friande : « Je veux, demain, aller à la Passion du Père Bourdaloue ou du Père Mascaron ; j'ai toujours honoré les belles Passions. » Lorsqu'elle était à Paris, elle suivait fidèlement les stations d'Avent et de Carême, mais souvent ailleurs que dans sa paroisse.

Ainsi elle va à Saint-Gervais écouter un prédicateur à la mode. « Je vais quelquefois au sermon à Saint-Gervais avec Mme de Coulanges, qui n'en perd pas un ; c'est le Père Soanen, de l'Oratoire, qui fait fort bien. »

Cinq jours après, elle écrit encore à sa fille : « Je vous plains d'être obligée d'entendre de mauvais sermons, c'est une véritable peine. J'en entends ici de fort bons: le Père Soanen à Saint-Gervais, l'abbé Anselme à Saint-Paul. »

Mme de Sévigné avait eu des préjugés contre cet abbé Anselme, comme nous le voyons dans une autre lettre : « J'ai été ce matin à une très belle Passion, à Saint-Paul; c'était l'abbé Anselme ; j'étais toute prévenue contre lui, je le trouvais gascon [1], et c'était assez pour m'ôter la foi en ses paroles. Il m'a forcée de revenir de cet injuste jugement, et je le trouve un des bons prédicateurs que j'aie jamais entendus: de l'esprit, de la dévotion, de la grâce, de l'éloquence ; en un mot, je n'en préfère guère à lui. »

Avant de parler d'un autre prédicateur tout jeune et qui l'avait charmée, elle fait cette réflexion qui trahit la femme de goût: « Comment peut-on aimer Dieu, quand on n'entend

____

[1] Il était du comté d'Armagnac et ami du duc d'Antin.

jamais bien parler de lui?... Nous entendîmes l'autre jour l'abbé de Montmort[1]; je n'ai jamais ouï un si beau jeune sermon. Il fit le signe de la croix, il dit son texte; il ne nous gronda point; il nous pria de ne point craindre la mort, puisqu'elle était le seul passage que nous eussions pour ressusciter avec Jésus-Christ. Nous le lui accordâmes; nous fûmes tous contents. Il n'a rien qui choque; il imite M. d'Agen sans le copier; il est hardi, il est modeste, il est savant, il est dévot; enfin, j'en fus contente au dernier point. »

Pendant le carême de 1693, nous trouvons Mme de Sévigné à Saint-Germain-l'Auxerrois, dans cette vieille église qui était alors la paroisse de la royauté et où le Père Gaillard faisait merveille. Ce Père était jésuite, et Mme de Sévigné en a tracé un portrait où perce une pointe de malice. « Le Père Gaillard a beaucoup d'esprit, écrit-elle à Mme de Guitaud; il nous fait tous les soirs des pièces d'éloquence, et nous persuade fortement, par les peintures qu'il fait, qu'il connaît parfaitement les vices de la cour et les faiblesses de l'humanité. Comme c'est de nous qu'il nous parle, nous sommes quelquefois ennuyés de nous retrouver toujours comme dans un miroir. Pour entendre un peu parler de Dieu

---

1 Il mourut évêque de Perpignan, et l'on voit encore son mausolée dans la cathédrale de cette ville.

et des vertus qui nous sont nécessaires, nous avons été trois fois au Père de Latour [1], à Notre-Dame ; ce sont des beautés tout à fait différentes. »

Une année, c'était en 1683, la grande marquise avait résolu de faire la fortune d'un jeune prédicateur et de le mettre en vogue. Vous avez ce pouvoir, mesdames. Ce prédicateur était l'abbé Trouvé, ami de la famille de Guitaud, une de ces vieilles familles aristocratiques, qui possédait alors et qui possède encore le château historique d'Epoisses, en Bourgogne, où elle vit sur ses terres, loin des amollissements de Paris, continuant les traditions d'un passé d'honneur et de foi, et remplissant, dans toute son étendue, le devoir social que la Providence a dévolu aux classes dirigeantes, aux races patriciennes.

Unie à cette illustre famille par une étroite amitié, Mme de Sévigné avait pris sous sa protection le jeune orateur que lui avait recommandé le comte de Guitaud, et nous voyons son empressement à favoriser une réputation naissante.

« J'ai entendu, écrit-elle à M. de Guitaud, deux bons petits sermons de notre bon M. Trouvé, le jeudi et le samedi saints, à Saint-Jacques-du-

---

[1] Oratorien, plus tard même supérieur général de l'Oratoire.

Haut-Pas. J'aime tout à fait sa manière de prêcher, elle vise à la simplicité apostolique de M. Le Tourneux[1] ; il a du zèle, et trop ; car sa pauvre petite poitrine en est dévorée : ce sont de véritables homélies comme celles des saints Pères ; j'en suis tout à fait contente. »

Et peu de jours après :

« Je ne sais pas ce que vous me donnerez ; mais je ne quitte pas M. Trouvé ; il n'a qu'à monter en chaire pour me voir au premier rang de ses dévotes. M. de Caumartin n'y manque point non plus, et nous faisons toujours une petite commémoration de vous et de Mme de Guitaud. Nous aimons fort la manière de prêcher de votre ami ; il n'est pas encore bien achalandé, mais nous faisons bien ce que nous pouvons pour lui donner de la réputation. Il prêche d'une manière touchante et qui plaît fort ; cependant le pauvre petit homme ne sait encore où donner de la tête ; j'admire qu'on ne l'enlève pas, car il est bon à tout. »

Enfin, dans une dernière lettre, elle dit encore au comte de Guitaud, en lui renouvelant son amitié : « J'en ai beaucoup de cette amitié cordiale pour M. Trouvé, et il me paraît que le coup est double et qu'il en a beaucoup pour

---

[1] Louis XIV demanda un jour à Boileau ce qu'était un prédicateur nommé Le Tourneux, auquel tout le monde courait : « Sire, répondit le poète, Votre Majesté sait que l'on court toujours à la nouveauté ; c'est un prédicateur qui prêche l'Évangile. »

moi. Je suis sa confidente. C'est un aimable homme, il a beaucoup d'esprit et de lumières, avec la douceur et la simplicité d'un enfant. Je voudrais que vous nous entendissiez quelquefois mêler nos critiques aux admirations publiques du Père Bourdaloue. »

Bourdaloue ! Je viens enfin de prononcer le nom qui se retrouve le plus fréquemment au bout de la plume de Mᵐᵉ de Sévigné. Quoique Jésuite, Bourdaloue fut sa grande admiration. Elle en était « entêtée », comme elle dit elle-même. « Je suis entêtée du Père Bourdaloue ; j'ai commencé dès le jour des Cendres à l'entendre à Saint-Paul ; il a déjà fait trois sermons admirables. M. de Lauzun n'en perd aucun ; il apprendra sa religion, et je suis assurée que c'est une histoire toute nouvelle pour lui. »

Et le Père Bourdaloue, ayant prêché, avec une rare habileté, sur un sujet qui divisait jésuites et jansénistes, sur la fréquente communion, au lendemain même de la publication du fameux livre d'Arnaud, la marquise, ravie, s'écriait : « Tout le monde était enlevé et disait que c'était marcher sur des charbons ardents, sur des rasoirs, que de traiter cette matière si adroitement et avec tant d'esprit. Mᵐᵉ de Caumartin était là qui recevait les compliments; pour moi, j'étais tout ébaubie d'entendre le Père Desmares, en robe de jésuite. »

Avant d'aller plus loin, et afin de bien apprécier toute la sincérité et tout le prix des éloges de Mme de Sévigné quand elle parle de Bourdaloue, il faut connaître ses sentiments à l'égard des Jésuites.

Le jansénisme, dont je ne veux ni exposer les doctrines pessimistes, ni raconter l'origine, ni écrire l'histoire, mais que je veux flétrir, parce qu'il fut l'une des plaies vives et si longtemps incurables de l'Église de France, un vrai serpent caché dans son sein et glissant toujours sous le pied qui voulait l'écraser ; le jansénisme, dont on ne soupçonna pas, dès le début, tout le venin, avait mis à la mode les querelles théologiques. Les questions religieuses remuaient alors les esprits et les âmes autant que, de nos jours, les questions politiques. D'un bout de la France à l'autre, on était passionnément janséniste ou moliniste. Les grandes dames elles-mêmes s'en mêlaient, comme elles se sont mêlées de nos jours aux discussions sur le libéralisme et l'infaillibilité, et quelques-unes, comme la princesse de Conti et la duchesse de Longueville, méritèrent le surnom ironique de Mères de l'Église. On se passionnait pour ou contre « la grâce efficace », sans peut-être toujours bien comprendre ce que l'on disait.

Les allures austères et graves des premiers jansénistes, leurs relations de famille, leur infatigable activité, la fécondité de leur talent, le génie de Pascal, attirèrent à la secte naissante de chaudes sympathies et d'ardents dévouements. Il fut assez de mode d'être l'ami de Port-Royal.

Sans embrasser le jansénisme, qui répugnait à sa nature expansive et joyeuse, à son ferme bon sens et à la simplicité de sa foi, Mme de Sévigné se lia d'amitié avec Port-Royal, malgré ce conseil que lui donnait en termes charmants, son cousin, le comte de Bussy : « Ma belle cousine, sauvons-nous avec notre bon parent saint François de Sales ; il conduit les gens en paradis par de plus beaux chemins que messieurs de Port-Royal. »

Sans suivre « ces messieurs » dans toutes leurs voies épineuses, Mme de Sévigné les aime. Les solitaires sont « ses amis, ses frères ». Elle les admire et, quand on les persécute, elle s'attendrit : « nos pauvres frères ! » dit-elle. Elle parle de « la glu du faubourg Saint-Jacques », alors le quartier général du jansénisme. Son fils même se prit un jour à cette glu. Elle loue et recommande à sa fille les *Essais de morale*, de Nicole, et, quand il meurt, elle salue en lui « le dernier des Romains ». Elle est intarissable sur le charme des *Provinciales*, de Pascal. « Pour nous divertir, nous lisons les *Petites Lettres*. Peut-on avoir un style plus parfait, une raillerie plus fine, plus naturelle, plus délicate, plus digne fille de ces dialogues de Platon, qui sont si beaux ! »

Dans ces conditions, la grande marquise ne

pouvait guère avoir de sympathie pour les Jésuites ; aussi en parle-t-elle çà et là avec une spirituelle ironie. Dans l'une de ses lettres, elle raconte une scène fort comique qui se joua un jour entre Boileau et un Jésuite, à propos de Pascal. Elle-même, pendant une saison à Vichy, ayant rencontré un Père de la Compagnie, entre aussitôt en discussion avec lui : « Je vous admire, en vérité, écrit-elle à sa fille, le 6 octobre 1680, d'être deux heures avec un Jésuite sans disputer ; il faut que vous ayez une belle patience pour lui entendre dire ses fades et fausses maximes. Je n'aurais jamais cette tranquillité avec un bon Père. J'en trouvai un à Vichy ; dès la première visite nous fûmes brouillés, et ses eaux en furent tellement troublées, qu'il fut contraint d'aller à Saint-Myon pour se rafraîchir. »

Et néanmoins, Mme de Sévigné avait l'esprit si large et le cœur si hospitalier, qu'elle subit le charme et l'ascendant de plusieurs des membres de l'illustre Compagnie de Jésus, qui à cette heure, comme en d'autres temps, soutenait avec vaillance le combat pour les saines doctrines.

Voici comme elle parle de deux Jésuites alors célèbres, et dont les noms, éclairés d'un rayon de gloire littéraire, ne sont pas encore oubliés, le Père Rapin et le Père Bouhours. Elle écrit à son cousin, le comte de Bussy-Rabutin : « Je vis l'autre jour le bon Père Rapin, je l'aime ; il me paraît un bonhomme et un bon religieux ; il a fait un discours sur l'histoire et sur la manière de l'écrire, qui m'a paru admirable. Le Père Bouhours était avec lui ; l'esprit lui sort de tous côtés. Je fus bien aise de les voir tous deux. »

Et le Père Rapin étant mort le 27 octobre 1687, elle exprime ainsi ses regrets : « Je regrette le bon Père Rapin. Je conviens dé toutes ses bonnes qualités. Sa bonté et sa douceur, avec une si grande capacité qui rend quasi les autres gens glorieux, était ce qui m'attachait principalement à lui. Il trouve présentement la récompense de toutes ses vertus. Le Père Bouhours cependant, qui était son intime ami, et que j'accusais toujours d'avoir bu le sang du Père Rapin, qui était plus pâle que la mort, a repris courage, et nous a donné un livre fort amusant et qu'on lit avec plaisir : c'est la *Manière de bien penser sur les ouvrages d'esprit.* »

L'année précédente, Mme de Sévigné avait rencontré à la campagne, à Bâville, chez M. de Lamoignon, le Père Rapin et le Père Bourdaloue, et elle en exprimait ainsi sa joie au comte de Bussy : « Le Père Rapin et le Père Bourdaloue y étaient. Je fus fort aise de les voir dans la liberté de la campagne, où l'un et l'autre gagnent beaucoup à se faire connaître, chacun dans leur caractère. Nous parlâmes de vous. Je voudrais que vous eussiez pu augmenter la bonne compagnie de Bâville, elle eût été parfaite. J'aime toujours le Père Rapin ; c'est un bon et honnête homme. Il était soutenu du Père

Bourdaloue, dont l'esprit est charmant et d'une facilité fort aimable. »

Mais si elle se plaisait à un entretien familier avec le Père Bourdaloue, dont l'esprit la charmait, elle préférait encore le voir en chaire, « sur son trépied. »

C'est la gloire de Mme de Sévigné et la gloire de son siècle d'avoir su écouter et goûter, sans jamais en être rassasiés, la parole grave, austère, savante, apostolique, du célèbre Jésuite dont Sainte-Beuve, dans un article d'une parfaite équité, résume ainsi la vie : « Il a été l'homme du verbe évangélique ; il a été une grande et puissante voix. Durant trente-quatre ans, en vue de la cour et de la ville, il avait fait la même chose : il avait prêché. »

Le comte de Montalembert disait un jour à des jeunes gens : « Vous serez les fils de la parole que vous saurez écouter. » Le XVIIe siècle sut écouter la grande parole de Bossuet et de Bourdaloue, et il fut un grand siècle chrétien.

Il y a dans les lettres de Mme de Sévigné comme un chant de triomphe en l'honneur du Père Bourdaloue. Je ne vous en ferai entendre que les notes les plus saisissantes.

Le premier cri de cet enthousiasme, qui ira grandissant, est dans la lettre du 3 décembre 1670. « Le Père Bourdaloue prêche divinement bien aux Tuileries. Nous nous trompions dans la pensée qu'il ne jouerait bien que dans son tripot ; il passe infiniment tout ce que nous avons ouï. » Ce terme peu respectueux de « tripot » désigne la maison professe des Jésuites de la rue Saint-Antoine. C'est là que Bourdaloue avait débuté, à ces « beaux saluts » qu'aimait tant Mme de Sévigné.

Les trois chapelles à la mode pour ces brillantes cérémonies du soir étaient : celle des Jacobins de la rue Saint-Honoré[1], « où se réunissait, dit Bussy-Rabutin, la fine fleur de la chevalerie ; » celle des Minimes de la place Royale, où se pressait une société d'élite, souvent assez peu recueillie, si nous en croyons les *Mémoires* du temps ; enfin, celle des Jésuites, qui est aujourd'hui l'église Saint-Paul-Saint-Louis dans la rue Saint-Antoine, et où alors, à certains jours, « la musique de l'Opéra faisait rage. »

Mme de Sévigné était une habituée de la chapelle des Minimes, où se trouvait le tombeau de son père et que la Révolution a détruite. Mais elle alla plus d'une fois aux Jésuites écouter les premiers accents de Bourdaloue. Elle le suivra désormais partout.

En 1671, il prêche le carême à Notre-Dame. La marquise est là, et le soir elle écrit à sa

---

[1] Cette chapelle et le couvent des Jacobins ou Dominicains ont disparu. — Je ferai remarquer qu'il n'y a pas dans les *Lettres* de Mme de Sévigné le nom d'un seul dominicain. Cet ordre, qui donne aujourd'hui à la chaire de si brillants orateurs, semblait alors pâlir. Pour le raviver, il a fallu le génie de Lacordaire.

fille : « J'ai dîné aujourd'hui chez Mme de Lavardin, après avoir été en Bourdaloue, où étaient les Mères de l'Église, c'est ainsi qu'on appelle les princesses de Conti et de Longueville. Tout ce qui était au monde était à ce sermon, et ce sermon était digne de tout ce qui l'entendait. J'ai songé vingt fois à vous, et vous ai souhaitée autant de fois auprès de moi ; vous auriez été ravie de l'entendre, et moi plus ravie de vous le voir entendre. Ah ! Bourdaloue ! quelles divines vérités vous avez dites aujourd'hui sur la mort ! Mme de La Fayette y était pour la première fois de sa vie ; elle était transportée d'admiration. »

Le jour de Noël de la même année, après avoir entendu la messe de minuit aux Minimes, elle va, le soir, à Saint-Jean-en-Grève, écouter son prédicateur favori, « qui s'est mis à dépeindre les gens et a fait trois points de la retraite de M. de Tréville. »

L'année suivante, ce sera à Saint-Germain, où se trouvait la cour et où se passa le trait plaisant ainsi raconté par la marquise : « Le maréchal de Gramont était l'autre jour si transporté de la beauté d'un sermon de Bourdaloue, qu'il s'écria tout haut en un endroit qui le toucha : *Mordieu, il a raison !* Madame[1] éclata de rire, et le sermon en fut tellement interrompu, qu'on ne savait ce qui en arriverait. »

---

[1] La seconde duchesse d'Orléans.

Pendant le carême de 1679, la marquise écrit à sa fille : « Nous sommes occupés présentement à juger des beaux sermons. Le Père Bourdaloue tonne à Saint-Jacques-de-la-Boucherie[1]. Il fallait qu'il prêchât dans un lieu accessible ; la presse et les carrosses y font une telle confusion, que le commerce de tout ce quartier-là en est interrompu. »

En 1683, Bourdaloue prêche le carême dans la paroisse même de Mme de Sévigné, à Saint-Paul. Elle résume ainsi ses impressions dans une lettre au comte de Guitaud : « Si nous n'avons pas bien fait nos pâques, ce n'est vraiment pas la faute du Père Bourdaloue ; jamais il n'a si bien prêché que cette année ; jamais son zèle n'a éclaté d'une manière si triomphante ; j'en suis charmée, j'en suis enlevée ; et cependant je sens que mon cœur n'en est pas plus échauffé, et que toutes ces lumières dont il a éclairé mon esprit ne sont point capables d'opérer mon salut. Tant pis pour moi ; cet état me fait souvent beaucoup de frayeur. »

Il y a, dans ces derniers mots, une critique voilée, mais très judicieuse, de l'éloquence de Bourdaloue. Sa parole éclairait les esprits, mais elle ne touchait pas assez les cœurs. Il ne savait pas, aussi bien que Bossuet, ébranler toutes les puissances de l'âme et en faire vibrer toutes les cordes. S'il allait, selon le mot de Mme de

---

[1] Il ne reste plus de cette église que la tour Saint-Jacques.

Sévigné, jusqu'à vous enlever la respiration par sa logique serrée, pressante, et par la rapidité de son débit, il n'avait pas le don d'ouvrir dans le cœur humain la noble source des larmes, ce triomphe suprême de l'orateur.

Un jour, cependant, il y eut de l'émotion dans sa parole. C'est quand il fit, à son tour, l'oraison funèbre du grand Condé, qui avait légué son cœur aux Jésuites, ses premiers maîtres. Mme de Sévigné y assistait, et elle nous dit ses impressions dans une lettre au comte de Bussy : « Je suis charmée et transportée de l'oraison funèbre de M. le Prince, faite par le Père Bourdaloue. Il s'est surpassé lui-même, et c'est beaucoup dire... Il était question de son cœur, car c'est son cœur qui est enterré aux Jésuites. Il en a donc parlé, et avec une grâce et une éloquence qui entraîne ou qui enlève, comme vous voudrez. Il fait voir que son cœur était solide, droit, chrétien. »

Elle analyse le discours et conclut ainsi: « De vous dire de quels traits tout cela était orné, il est impossible, et je gâte même cette pièce par la grossièreté dont je la croque. C'est comme si un barbouilleur voulait toucher à un tableau de Raphaël. »

Elle entendit pour la dernière fois le Père Bourdaloue, en 1693. Son admiration était toujours la même, et, comme Louis XIV, elle préférait les redites de l'austère Jésuite aux nouveautés des autres. Elle n'aimait pas la nouveauté qui, alors comme aujourd'hui, cherchait parfois à piquer la curiosité des esprits frivoles; et elle fait, à propos d'un sermon de Claude Joly, cette remarque d'une ironie si fine et si vraie : « M. Joly prêcha; mais comme il ne se servit que d'un vieux évangile, et qu'il ne dit que de vieilles vérités, son sermon parut vieux. Il y, aurait bien de belles choses à dire sur cet article. »

En 1694, Mᵐᵉ de Sévigné, qui désirait voir une dernière fois Mᵐᵉ de Grignan, partait pour la Provence, où sa pensée et son cœur l'avaient si souvent précédée; et, après un séjour de deux ans, elle y mourut dans les bras de sa fille chérie, le 10 avril 1696, à l'âge de soixante-dix ans.

Elle n'avait pu entendre Massillon, qui ne monta dans la chaire qu'en 1697, et qui deviendra le confident de sa petite-fille, la marquise de Simiane. Mais elle, qui aimait tant le chant du rossignol, aurait aimé, je crois, cette parole mélodieuse qui faisait dire à Joubert : « Massillon gazouille du ciel je ne sais quoi de ravissant. »

Le tombeau de Mᵐᵉ de Sévigné repose dans l'église collégiale de Grignan, non loin du berceau de Massillon. Le mausolée n'est pas somptueux. Sur la pierre on lit ces simples mots :

CI-GIT

MARIE DE RABUTIN-CHANTAL

MARQUISE DE SÉVIGNÉ

Mais, au fond de tous les cœurs, l'admiration a mis sur un piédestal d'or la mémoire de cette mère qui trouva, dans son amour pour sa fille, les meilleures inspirations de son génie.

On dit que la petite ville de Vitré, en Bretagne, va bientôt élever une statue à la châtelaine des Rochers. Je le regrette. Au marbre qui représente une femme, il faut la lumière discrète du foyer ou du sanctuaire et non le grand jour, le jour banal de la place publique.

Sans pousser la vertu jusqu'à l'héroïsme de la sainteté, comme son aïeule Jeanne de Chantal, Mme de Sévigné fut une grande chrétienne. Elle avait une foi éclairée, une piété sincère, et elle sut donner à son âme une culture supérieure en écoutant, avec une fidélité qui ne se lassa jamais, les grandes voix qui faisaient l'éducation religieuse du XVIIe siècle.

LAMENNAIS

SES *LETTRES* ET SON ACTION SUR LES AMES

—

CONFÉRENCE

FAITE AU CERCLE DU LUXEMBOURG, LE 24 FÉVRIER 1898

———

MESDAMES,
MESSIEURS,

Pendant une saison à la Bourboule ou au Mont-Dore, n'avez-vous jamais fait l'ascension du Sancy, qui domine de sa cime élevée tous les pics environnants et d'où il semble que l'on va toucher le ciel de la main ? Sur ses vastes flancs, partout la fraîcheur et la vie, une vie qui déborde et chante avec les sapins verts, les gazons fleuris, les eaux limpides et murmurantes. Mais, parvenus au sommet, vous n'avez plus qu'un rocher aride surmonté d'une croix que la foudre a brisée.

N'est-ce pas là une vive image du génie foudroyé de Lamennais ? Brisée, la croix qui décorait le front de ce prêtre éblouissant ; effacée, l'auréole qui le faisait resplendir. Mais, si la foudre

du ciel a frappé et découronné cette tête altière,
il y a encore, dans cette âme immense et désolée,
comme des vallées fleuries et des sources jail-
lissantes dont je veux, ce soir, vous faire respirer
la fraîcheur et les parfums.

Lamennais fut longtemps un prêtre fidèle, inspirant aux âmes la passion de la vérité, de son
aile vigoureuse les emportant sur les sommets.
Mais un jour, pris de vertige et de folie, il déserta
l'autel. Et ce jour-là, Sainte-Beuve lui fit entendre
ce cri plaintif d'une âme surprise et blessée :
. « Rien n'est pire, sachez-le bien, que de provoquer à la foi les âmes et de les laisser là à
l'improviste en déloreant. Rien ne les jette autant
dans ce scepticisme qui vous est encore si en
horreur, quoique vous n'ayez plus que du vague
à lui opposer. Combien j'ai vu d'âmes espérantes
que vous teniez et portiez avec vous dans votre
besace de pèlerin, et qui, le sac jeté à terre,
sont demeurées gisantes le long des fossés !
L'opinion et le bruit flatteur, et de nouvelles
âmes plus fraîches comme il s'en prend toujours
au génie, font beaucoup oublier sans doute et
consolent ; mais je vous dénonce cet oubli, dût
mon cri paraître une plainte ! »
. Des âmes neuves et fraîches, Lamennais n'en
trouva plus ; à cinquante ans, on ne recommence
pas sa vie. Il erra solitaire, aigri, désenchanté,
sous le poids d'une mélancolie croissante ; et
Mme Swetchine avait le droit de dire, en écrivant

à la princesse Galitzin, le 8 novembre 1837 :
« La dévorante et aride tristesse le tient sous sa griffe. J'ai vu plusieurs lettres de lui, adressées à ses amis intimes ; on dirait une de ces plages désolées où le souffle de la colère divine a tout détruit. Il ne reste à M. de Lamennais que la partie humaine de son génie, appauvri, décoloré, frappé au cœur d'ailleurs comme tout le reste. Quel magnifique enseignement ! Jusque dans leur profonde chute, certains hommes paraissent destinés à rendre gloire à Dieu. »

Dans ses *Souvenirs de jeunesse*, Renan, breton comme Lamennais et comme lui rebelle à l'Église, a écrit cette page qui, malgré une pointe d'ironie, renferme un aveu et un regret :

« Mon jeune compatriote et ami, Narcisse Quellien, poète breton d'une verve si originale, le seul de notre pays chez lequel j'ai trouvé la faculté de créer des mythes, a rendu le tour de ma destinée par une fiction très ingénieuse. Il prétend que mon âme habitera, après ma mort, sous forme d'une mouette blanche, autour de l'église ruinée de Saint-Michel, vieille masure frappée par la foudre, qui domine Tréguier.

« L'oiseau volera toutes les nuits avec des cris plaintifs autour de la porte et des fenêtres barricadées, cherchant à pénétrer dans le sanctuaire, mais ignorant l'entrée secrète ; et ainsi, durant toute l'éternité, sur cette colline, ma pauvre âme gémira d'un gémissement sans fin. C'est l'âme d'un prêtre qui veut dire, la messe, dira le paysan qui passe. — Il ne trouvera jamais d'enfant pour la lui servir, dira un autre.

« Effectivement, voilà ce que je suis : un prêtre manqué. Quellien a très bien compris ce qui fera toujours défaut à mon église, l'enfant de chœur. Ma vie est comme une messe sur laquelle pèse un sort, un éternel *Introibo ad altare Dei,* et personne pour répondre : *Ad Deum qui lætificat juventutem meam.* Ma messe n'aura pas de servant. Faute de mieux, je me la réponds à moi-même ; mais ce n'est pas la même chose. »

Cette page mélancolique convient aussi à la destinée de Lamennais. Son âme errante n'habite-t-elle pas, elle aussi, les ruines d'une vieille église, y faisant entendre son cri plaintif et lugubre ? Vous connaissez le beau sonnet de François Coppée, *Solitude :*

> Je sais une chapelle horrible et diffamée,
> Dans laquelle autrefois un prêtre s'est pendu.
> Depuis ce sacrilège effroyable, on a dû
> La tenir pour toujours aux fidèles fermée.
>
> Plus de croix sur l'autel, plus de cierge assidu,
> Plus d'encensoir perdant son âme parfumée.
> Sous les arceaux déserts, une funèbre armée
> De feuilles mortes court en essaim éperdu...

En lisant ce sonnet, où la pensée légère du poète se recueille et devient grave, je pensais moins à Renan qu'à Lamennais, dont l'âme, comme la colombe du Cantique sacré, eut longtemps son nid dans le voisinage du Tabernacle,

dans le creux du rocher : *columba mea in fora-
minibus petræ.* Puis, un jour, elle quitta le
temple et n'en retrouva plus l'entrée secrète.
Ceux qui l'avaient vue près de l'autel pleurèrent
son exil, ne pouvant cesser de plaindre et d'aimer
cette grande âme, dont la vie a été un poème
douloureux.

Malgré une certaine ressemblance extérieure
dans les deux destinées, il ne faut pas mettre au
même niveau l'auteur de l'*Essai sur l'indifférence*
et l'auteur de l'*Abbesse de Jouarre.* Celui-ci, avec
tout le dilettantisme de son esprit, n'était qu'une
nature vulgaire et même cynique. Ne l'a-t-on pas
vu, en cheveux blancs et avec une gaieté sénile,
prêcher à la jeunesse le plaisir facile ? « Amusez-
vous, » disait-il un jour à des jeunes gens,
résumant sa morale dans ce mot d'Épicure. Le
déchirement que laisse à l'âme la foi perdue, et
qui a inspiré à Jouffroy une page immortelle,
Renan ne l'a point senti ; il s'est contenté d'écrire
d'une plume légère : « La foi qu'on a eu ne doit
jamais être une chaîne. On est quitte envers elle,
quand on l'a soigneusement roulée dans le linceul de pourpre où dorment les dieux morts. »
Barbey-d'Aurevilly avait donc raison de dire :
« Ce fuyard de séminaire n'a pas le talent d'un
Lamennais pour étoffer son apostasie. » Et
Jules Lemaître, après avoir cité ce mot d'Al-
phonse Daudet sur Renan : « Son cerveau est une
cathédrale désaffectée, » ajoute : « Lamennais

est mort dans la désespérance finale... Jouffroy
est resté incurablement triste,... et M. Renan est
gai ! »

Lamennais, en effet, sentit amèrement la blessure profonde ; elle accrût encore cette tristesse
inconsolable qui était le fond de sa nature, et son
âme devint comme une plaie éternelle. Jusque
dans sa chute, il sut garder sa dignité, son
austérité, ses allures hautaines, et lui, qui avait
plané sur les cimes avec Dante et Bossuet, il
eut beau, un jour, abaisser son vol et frôler, de
son aile égarée, la robe de Mme George Sand,
il n'en emporta aucune odeur de boudoir.

Une telle attitude, altière et triste, inspirera
toujours pour cet ange déchu une sympathie dou-
loureuse. On le plaindra, on l'aimera encore,
Témoins, ces amis de la première heure, ces
amis des jours heureux, qui le poursuivirent de
leur tendresse et de leurs larmes jusque sur son
lit d'agonie.

Ces amis, il les a immortalisés en gravant leurs
noms dans sa *Correspondance*.

Les trois écrivains les plus originaux et les
plus vigoureux de notre siècle, Lamennais, de
Maistre et Veuillot, ne nous ont pas seulement
légué ces pages superbes où l'on entend la
voix d'or de leur génie ; ils se sont encore
épanchés dans des lettres intimes qui sont pour
la postérité un vrai trésor. Il y a plus d'enjoue-

ment chez de Maistre, plus d'esprit chez Veuillot, plus d'émotion chez Lamennais.

Écoutez cette lettre que J. de Maistre adressait de Saint-Pétersbourg à sa fille Constance, qu'il n'avait jamais vue, parce qu'elle était née pendant son exil, mais à laquelle il écrivait des choses ravissantes. Les revendications du féminisme contemporain donnent de l'actualité à cette lettre, où l'esprit et le bon sens s'unissent pour rappeler à la femme sa véritable mission.

« Tu me demandes, ma chère enfant, après avoir lu mon sermon sur la science des femmes, d'où vient qu'elles sont condamnées à la médiocrité ? Tu me demandes en cela la raison d'une chose qui n'existe pas et que je n'ai jamais dite. Les femmes ne sont nullement condamnées à la médiocrité ; elles peuvent même prétendre au sublime, mais au sublime féminin. Chaque être doit se tenir à sa place, et ne pas affecter d'autres perfections que celles qui lui appartiennent. Je possède ici un chien nommé *Biribi,* qui fait notre joie ; si la fantaisie lui prenait de se faire sceller et brider pour me porter à la campagne, je serais aussi peu content de lui que je le serais du cheval anglais de ton frère, s'il s'imaginait de sauter sur mes genoux ou de prendre le café avec moi. L'erreur de certaines femmes est d'imaginer que, pour être distinguées, elles doivent l'être à la manière des hommes. Il n'y a rien de plus faux.

« Si une belle dame m'avait demandé, il y a vingt ans : Ne croyez-vous pas, monsieur, qu'une dame pourrait être un grand général comme un homme? je n'aurais pas manqué de lui répondre : Sans doute, madame. Si vous commandiez une armée, l'ennemi se jetterait à vos genoux, comme j'y suis moi-même ; personne n'oserait tirer, et vous entreriez dans la capitale ennemie au son des violons et des tambourins. Si elle m'avait dit : Qui m'empêche d'en savoir en astronomie autant que Newton? je lui aurais répondu tout aussi sincèrement : Rien du tout, ma divine beauté. Prenez le télescope, les astres tiendront à grand honneur d'être lorgnés par vos beaux yeux, et s'empresseront de vous dire tous leurs secrets.

« Voilà comment on parle aux femmes, en vers et même en prose. Mais celle qui prend cela pour argent comptant est bien sotte. Comme tu te trompes, ma chère enfant, en me parlant du mérite un peu vulgaire de faire des enfants ! Faire des enfants, ce n'est que de la peine ; mais le grand honneur est de faire des hommes, et c'est ce que les femmes font mieux que nous. Crois-tu que j'aurais beaucoup d'obligation à ta mère, si elle avait composé un roman au lieu de faire ton frère? Mais faire ton frère, ce n'est pas le mettre au monde et le poser dans son berceau ; c'est en faire un brave jeune homme qui croit en Dieu et n'a pas peur du canon.

« En un mot, la femme ne peut être supérieure que comme femme ; mais dès qu'elle veut *émuler* l'homme, ce n'est qu'un singe.

« Adieu, petit singe. Je t'aime presque autant que *Biribi*, qui a cependant une réputation énorme à Saint-Pétersbourg. »

Ce ton, où le sérieux de la pensée se cache sous une forme enjouée et légère, se retrouve dans les lettres de Veuillot, avec plus d'esprit et de grâce encore. Voyez ce délicieux tableau, le *Lever de l'aurore*. La palette d'aucun peintre n'a jamais égalé cette exquise fraîcheur. A l'aube matinale d'une journée de juin, Veuillot arrive au château historique d'Époisses, où l'attire l'amitié du comte de Guitaut, et il écrit à sa sœur :

« Sous un ciel nettoyé et magnifique, j'ai fait quatre lieues dans l'odeur des foins coupés, au chant de l'alouette et de l'Angélus, voyant tous les apprêts du lever de l'Aurore, et c'est charmant ! Elle a commencé par tirer ses rideaux, et elle a jeté sur la terre un petit sourire d'un bleu rose qui a tout animé. Soudain se sont dessinées les collines, les arbres ont poussé, et les champs peu à peu sont devenus verts et blonds, de noirs qu'ils étaient. Puis l'Aurore a ouvert sa fenêtre et passé la tête. J'ai vu tout son visage. Il est agréable. C'est une physionomie pâlotte, mais souriante, fraîche, avec une teinte de mélancolie. Figure-toi sœur Olga[1] dans une

_____
[1] Olga de Ségur, qui allait bientôt devenir la vicomtesse de Simard de Pitray.

minute d'attendrissement. Quelques étoiles restaient, par-ci par-là, dans sa coiffure de nuit. En tombant sur la terre, elles sont devenues des ruisseaux et des fleurs. Elle fit sa toilette, et se parfuma de tilleul et de foin, avec une pointe de sureau ; c'est son parfum du moment. Son haleine est fraîche ; elle vint jusqu'à moi et me donna une sensation de froid, que j'aurais voulu vous envoyer dans vos taudis de la rue du Bac. Elle s'éclairait de plus en plus, et la terre, de plus en plus, se réjouissait de la voir ! Tout s'animait ; les oiseaux éclatèrent en chansons, et me firent souvenir de faire ma prière, comme ils faisaient la leur. » N'est-ce pas charmant, mesdames ?

Cette gaieté enjouée, ces sourires de l'esprit sont rares chez Lamennais. Parfois, cependant, il y a dans ses lettres des paroles ravissantes de douceur. Il écrit à la comtesse de Senfft, le 19 février 1834 :

« Vous allez entrer dans le printemps, plus hâtif qu'en France dans le pays que vous habitez [1] ; j'espère qu'il aura sur votre santé une influence heureuse ; abandonnez-vous à ce qu'a de si doux cette saison de renaissance : faites-vous fleur avec les fleurs. Nous perdons, par notre faute, une partie, et la plus grande, des bienfaits du Créateur. Il nous environne de ses

____

[1] La comtesse habitait alors Florence,

dons, et nous refusons d'en jouir, par je ne sais quelle triste obstination à nous tourmenter nous-mêmes. Au milieu de l'atmosphère de parfums qui émane de lui, nous nous en faisons une, composée de toutes les vapeurs mortelles qui s'exhalent de nos soucis, de nos inquiétudes et de nos chagrins : fatale cloche de plongeur qui nous isole dans le sein de l'Océan immense. »

Hélas! lui-même bientôt se mettra volontairement sous la cloche du plongeur!

Je ne vous parlerai point de la partie de sa correspondance, malheureusement la plus considérable, où Lamennais touche aux questions politiques et aux controverses religieuses. Un sombre pessimisme lui fait voir tout en noir; et, pour peindre ceux qu'il croit être ses ennemis, se pressent sous sa plume fiévreuse les images, les métaphores, les anathèmes revêtus d'un tour biblique.

« Quand on quitte ces tristes pages, dit E. Caro, il semble que l'on sorte d'un de ces cercles de l'enfer du Dante, où l'on voit s'agiter, sous une pluie de feu et dans les lacs glacés, la troupe hurlante des damnés. On a besoin, après cela, de revoir la belle lumière du jour, de retrouver le visage aimé de quelque enfant radieux, le sourire et l'étreinte d'un ami. On a besoin de croire au printemps et à la vie[1]. »

---

[1] E. Caro, *Nouvelles études morales.*

Cette lumière, ce printemps, ces visages aimés, nous les rencontrons dans les lettres de Lamennais, mais presque toujours recouverts d'un voile de mélancolie. Sous ce voile, ils ont néanmoins un charme qui attire.

Lamennais avait le cœur fait pour l'amitié. « Ma vie dans ce monde, disait-il lui-même, n'est pas en moi; elle est en ceux que j'aime[1]. » — « Il a le don d'attacher, » écrivait Sainte-Beuve. Son génie lumineux était plein de fascination. Son âme aimante avait besoin d'affection et savait la provoquer. Aussi fut-il encore plus aimé qu'admiré. Son dernier historien a eu raison de dire : « Lamennais dut son prestige, son influence auprès de ses disciples, autant, pour le moins, à la tendresse de son âme qu'à l'élévation de son génie[2]. »

Lamennais connut les amitiés illustres, celles qui naissent sur les sommets, entre égaux, de génie à génie. On lit dans sa *Correspondance* les noms de Chateaubriand, du comte de Maistre, du vicomte de Bonald, de Lamartine, de Victor Hugo, de Berryer.

Chateaubriand et Lamennais, nés sur le même rivage, avaient reçu de l'Océan quelque chose de son infini et de sa tristesse. L'un disait : « Je

---

[1] Lettre à Denis Benoît-d'Azy.
[2] R. P. Roussel, de l'Oratoire, *Lamennais intime.*

suis né ennuyé; » l'autre : « Je suis né avec une
plaie au cœur. » Mais, ainsi que l'a observé le
regard pénétrant de Caro, la mélancolie aristocratique et rêveuse de René n'est rien à côté de
cette tristesse profonde qui, comme un vautour
insatiable, ronge le cœur du solitaire de La
Chesnaie. Et néanmoins d'intimes harmonies
attirèrent l'une vers l'autre ces deux grandes
âmes.

Le 27 décembre 1817, Lamennais écrivait,
à l'occasion d'une brochure de Chateaubriand :
« Cet homme a un grand talent, mais son esprit
a peu de racine, et c'est ce qui fait que sa gloire
séchera promptement. Comme certains arbris-
seaux, il ne se nourrit guère que par les feuilles.
J'aime mieux M. de Bonald, chêne vigoureux
qui va chercher sa sève à travers les rocs primi-
tifs, jusque dans les entrailles de la terre. »
L'image est belle, mais Lamennais se trompait;
l'arbrisseau, mieux que le chêne, a triomphé du
temps et gardé ses feuilles vertes.

Chateaubriand, fidèle à son amitié pour Lamennais, parle ainsi de lui dans ses *Mémoires
d'outre-tombe :* « Je visite aujourd'hui l'abbé de
Lamennais [1]... Nous, François de Lamennais et
François de Chateaubriand, nous causons de
choses sérieuses. Il a beau se débattre, ses idées
ont été jetées dans le moule religieux; la forme

---

[1] Novembre 1841. Lamennais était alors enfermé à Sainte-
Pélagie; c'est là qu'il composa *Une Voix de prison.*

est restée chrétienne, alors que le fond s'éloigne le plus du dogme ; sa parole a retenu le bruit du ciel. Je l'ajourne à mon lit de mort pour agiter nos grands contestes à ces portes que l'on ne repasse plus. J'aimerais à voir son génie répandre sur moi l'absolution que sa main avait autrefois le droit de faire descendre sur ma tête. Nous avons été bercés en naissant par les mêmes flots ; qu'il soit permis à mon ardente foi et à mon admiration sincère d'espérer que je rencontrerai encore mon ami sur le même rivage des choses éternelles. »

Lamennais et de Maistre marchent de pair par droit de génie. Leurs lettres exhalent parfois des cris d'aigle et de prophète ; mais, un jour, l'un de ces aigles, fermant au soleil son regard courroucé, abaissa son vol et alla se perdre dans la nuit.

Berryer, Lamartine, Victor Hugo, tous alors dévoués aux Bourbons et à la monarchie, comme l'était encore Lamennais lui-même, qui écrivait dans le *Drapeau blanc* des pages étincelantes, subirent l'attraction et l'influence de ce prêtre qui, par son génie, évoquait le souvenir de Bossuet.

Laissez-moi vous lire une lettre de Lamennais à Victor Hugo. En 1822, dans tout l'éclat et la générosité de ses vingt ans, Victor Hugo était présenté par l'abbé de Rohan à l'abbé de Lamennais, dont le cœur était alors brûlant de foi, l'esprit chargé de nobles pensées, et qui chercha à fixer la nature mobile du poète, à christianiser son âme enthousiaste, à tremper dans les eaux du Jourdain son imagination naissante, comme un artiste trempe son pinceau dans l'azur de ses couleurs.

En 1823, Victor Hugo épousait Adèle Foucher, jeune fille d'une grande beauté, d'une grande distinction et, alors, d'une grande piété[1] : mariage d'inclination qui réalisait le rêve le plus doux du jeune poète et qui apportait à son cœur des flots de joie pure. C'était Dante épousant Béatrix. Lamennais, qui ne pouvait assister au mariage et le bénir, écrivit au jeune fiancé cette lettre admirable :

« Un événement qui fixe votre destinée, mon cher Victor, ne peut que m'intéresser bien vivement. Vous allez devenir l'époux d'une personne que vous avez aimée dès l'enfance, et qui est digne de vous comme vous êtes digne d'elle. Dieu, je l'espère de tout mon cœur, bénira cette heureuse union qu'il semble avoir préparée lui-même par un long et invariable attachement, par une tendresse mutuelle aussi pure que douce. Mais, en goûtant le bonheur d'être lié pour toujours à celle que votre cœur avait choisie, et qui vous a gardé, dans le secret du sien, une foi si

____

[1] La belle poésie qui termine les *Chants du Crépuscule, Date lilia*, lui est dédiée.

constante, sanctifiez ce bonheur même par des réflexions sérieuses sur les devoirs qui vous sont imposés. Ce n'est plus un amour de jeune homme qui convient à votre état présent, mais un sentiment plus solide et plus profond, quoique moins impétueux. Vous êtes époux, vous serez père : songez, songez souvent à ce que ces deux titres exigent de vous. Vous ne l'oublierez jamais, si vous vous souvenez que vous êtes chrétien, si vous cherchez dans la religion la règle nécessaire de votre vie, la force de supporter les peines dont nul n'est exempt et celle même d'être heureux. La joie que vous ressentez est légitime, elle est dans l'ordre de Dieu, si vous la lui rapportez, et je me plais à en trouver dans votre lettre l'expression naïve et touchante. Mais entendez aussi que c'est une joie du temps et fugitive comme lui. Il y a une autre joie dans l'éternité, et c'est celle-là qui doit être l'objet de tous les désirs de votre âme. Que le ciel cependant, cher ami, répande sur vous et sur celle dont le sort ne sera plus désormais séparé du vôtre tout ce qu'il y a de plus doux dans les grâces qu'il accorde aux jeunes époux. Qu'il daigne écarter, de votre route à travers ce monde, ce qui pourrait affliger votre vie et en troubler l'aimable paix. Voilà les vœux que forme pour vous le plus sincère et le plus tendre de vos amis. »

Victor Hugo était alors digne d'entendre et capable de comprendre ce beau langage. Lamennais écrivit bien d'autres lettres au jeune poëte. Je ne citerai que cette page sur la campagne romaine : « J'ai connu des gens qui ne pouvaient souffrir cette belle campagne de Rome, modèle de grandeur et même de grâce dans son apparente désolation. Quand, le soir, on passe devant le tombeau de Métella et les catacombes de Saint-Sébastien, et qu'à travers les ombres des vieux Romains et des souvenirs de vingt siècles, seuls habitants de cette solitude, on arrive au Mont-Sacré, tout ce qui se remue dans l'âme est inexprimable. Pas une chaumière, pas un arbre : quelques aigles qui planent sur ce sol désert, où une multitude de petites collines, semblables aux flots de la mer, forment d'immenses ondulations; une lumière douce et moelleuse, qui s'épaissit pour devenir la nuit : voilà tout; mais c'est Rome encore avec sa puissance, avec son empire, et vous êtes subjugué par son fantôme même. »

On sent que c'est un poëte qui parle à un poëte. Cette page, qui semble n'être que l'esquisse d'un tableau, à mon avis égale, surpasse même la description si connue et si vantée de Chateaubriand.

Dans une de ses lettres à Victor Hugo, Lamennais nomme Sainte-Beuve, qui venait de publier les *Consolations*, petit recueil de poésies simples et touchantes. En les lisant, son âme bretonne avait été profondément touchée par la mélancolie rêveuse de Joseph Delorme, et il chargea Victor Hugo d'exprimer au jeune poète l'intérêt qu'il avait pris à cette lecture. Ce fut l'origine d'une amitié que le caractère ombrageux, défiant, de Sainte-Beuve devait rendre fragile.

La *Revue contemporaine*[1] a publié les lettres inédites de Lamennais à Sainte-Beuve Il y a là des pages d'un accent ému, pénétrant. Lamennais écrit, de Juilly, le 27 mai 1831 :« Les heures que nous avons passées ensemble, mon cher ami, m'ont paru bien courtes, et ainsi s'en va tout ce qui est doux, et ainsi se dépouille peu à peu de ses fleurs et de ses feuilles cette pauvre frêle tige de la vie. Vous peignez admirablement ce vide que j'ai connu aussi, cette secrète angoisse dont chacun de nous porte le germe en soi. L'âme, à l'étroit sur cette triste terre, se débat dans ses liens, regarde en haut, et, de toute la force de ses désirs, s'élève pour respirer. Lisez, relisez le livre d'Augustin, c'est notre histoire à tous. Il vivait dans des temps troublés, il assistait à la chute d'un monde, et cette déchirure qui séparait l'avenir du passé, il la sentait en lui, il l'éprouvait comme la société même, car l'homme est un monde aussi. »

Dans une lettre datée de La Chesnaie, 6 octobre 1834, nous lisons ces mots où les sourires de l'esprit éclairent la mélancolie habi-

---

[1] *Revue contemporaine,* 25 août 1885.

tuelle de la pensée : « Votre retour à là poésie, que vous avez abandonnée trop longtemps, nous promet quelques-unes de ces belles joies de l'âme dont on a aujourd'hui plus besoin que jamais. Si j'étais poète, je ne ferais que chanter; mais je voudrais être aussi musicien, pour que mes chants rassemblent à la fois tous les genres d'harmonie, ébranlent simultanément toutes les puissances de l'homme. Les anciens, au printemps du monde, lorsque tout était en fleur, ne séparaient point ces deux choses, et ils avaient raison. A présent on s'en tient partout à la maxime des économistes de la division du travail; des paroles d'un côté, des sons de l'autre. Cela fait deux arts au lieu d'un. Il y a évidemment profit. »

De telles lettres étaient un vrai trésor pour Sainte-Beuve, dont l'esprit délicat aimait à goûter, à savourer les choses exquises.

Lamennais aimait les jeunes gens, il avait le don de les attirer et de faire éclore en eux la passion des grandes choses. Combien de fois n'a-t-il pas répété ce qu'il écrivait un jour à l'un d'eux :

« Vous êtes à l'âge où l'on se décide; plus tard on subit le joug de la destinée qu'on s'est faite, on gémit dans le tombeau qu'on s'est creusé, sans pouvoir en soulever la pierre. Ce qui s'use le plus vite en nous, c'est la volonté. Sachez donc, mon ami, vouloir une fois, vouloir fortement; fixez votre vie flottante, et ne la laissez plus emporter à tous les souffles comme le brin d'herbe séché. Vous aurez, sans doute, à combattre beaucoup; mais qui n'a pas eu, qui n'a pas tous les jours à combattre? C'est l'épreuve, et nul n'y échappe. Et puis Dieu est là, il aide, il soutient; croyez seulement. »

C'est ainsi que la voix de Lamennais, comme un clairon qui sonne la bataille, appelait les jeunes gens aux luttes de la vie. Parfois ses lettres ressemblent à des harangues militaires. Il était né soldat, et sa vie fut un long combat, un combat acharné, mais dans lequel il changea de front au milieu même de la mêlée. Sa défection n'amena point la déroute.

Louis Veuillot a pu écrire en toute vérité : « L'on devra toujours dire de M. de Lamennais, qu'il avait loyalement dirigé dans les voies de la vérité ceux qui s'étaient mis sous sa conduite, puisque à peine quelques-uns sur un si grand nombre l'ont suivi dans l'erreur ou même sont restés à l'écart du combat. »

L'un d'eux, Eugène Boré, resté toujours fidèle à la vérité et à la lutte, faisait ce noble aveu : « Pendant sept ans j'ai grandi sous ses ailes, et c'est lui qui, par son enseignement, m'a appris à connaître toute la grandeur et la sainteté de la religion catholique. »

Cet amour de Lamennais pour la jeunesse se révèle avec éclat dans des lettres restées longtemps inédites, mais qui viennent enfin d'être données au public : lettres à Eugène Boré, à Denis Benoît-d'Azy, à Charles de Montalembert[1].

Ces trois jeunes gens, le dernier surtout, qui devait laisser dans notre siècle une trace si lumineuse de son passage, subirent la fascination du grand enchanteur qui, sous son voile de tristesse, avait un attrait irrésistible, exerçait une domination à la fois impérieuse et suave. « Il savait être le plus caressant et le plus paternel des hommes, » a écrit Montalembert. Et Maurice de Guérin, qui fut l'un des hôtes de La Chesnaie, disait aussi : « Tout son génie s'épanche en bonté. » Mais tous, malgré ce charme dont il était difficile de se déprendre, furent plus fidèles à Dieu qu'à leur maître. Lui-même, du reste, il faut lui rendre cette justice, ne chercha pas à les entraîner dans sa chute. Éblouis par son génie, pleins de pitié pour son cœur aimant, ils essayèrent de le retenir sur le bord de l'abîme; mais, voyant leur voix méconnue, ils le laissèrent aller solitaire et triste.

Ces juvéniles affections, d'abord naïves, enthousiastes et confiantes, puis bientôt surprises et blessées par la défection du maître, s'ingéniant à la prévenir et, enfin, pleurant sans espoir,

[1] *Revue britannique :* Lettres de Lamennais à Eugène Boré. *Voix internationale :* Lettres de Lamennais à Denis Benoît-d'Azy. *Revue de Paris :* Lettres de Lamennais à Charles de Montalembert.

mettent sous nos yeux un vrai poème, poème émouvant et douloureux, poème admirablement raconté par le Père Lecanuet dans la *Jeunesse de Montalembert*, par le Père Roussel dans *Lamennais intime*, et par le Père Laveille dans le volume qui vient de paraître sur *Lamennais inconnu*.

Lisez, messieurs, ces trois volumes dus à des plumes oratoriennes, ajoutez-y les *Confidences de Lamennais*, par Arthur de la Villerobel, et le bel ouvrage du Révérend Père Mercier sur *Lamennais :* vous assisterez à un drame intime, l'un des plus émouvants de notre siècle, et vous comprendrez pourquoi on ne se lasse jamais d'étudier Lamennais.

Mais dans cette galerie de portraits que nous offre la vaste correspondance de Lamennais, il n'y a pas seulement que des figures d'hommes illustres ou des figures de jeunes gens; il y a aussi des figures exquises de femmes et de jeunes filles. C'est sur ces figures, parfois originales et piquantes, que je veux surtout, mesdames, fixer votre regard.

A part son tempérament nerveux et fébrile, Lamennais n'avait rien en lui de féminin : prêtre austère, logicien implacable, polémiste vigoureux et acerbe, caractère timide et sauvage, esprit absolu et tout d'une pièce, il devait repousser un sexe qui aime les nuances et les grâces. Et cependant, comme saint Jérôme, à

qui il ressemble par plus d'un trait et qui exerça
une si profonde influence sur les patriciennes de
Rome, Lamennais vit des femmes distinguées
s'éprendre de son génie et lui vouer cette affection,
à la fois ardente, délicate et réservée, qui
a sa source au cœur de la femme.

Il disait un jour : « La femme est une fleur
qui n'exhale de parfum qu'à l'ombre. Il y a dans
son cœur des délicatesses si exquises et tout
ensemble si spontanées, qu'elle les ignore elle-
même. La source en est voilée, mystérieuse. »

Et prévoyant, avec son regard prophétique,
les tentatives faites aujourd'hui pour émanciper
la femme et la détourner de sa fin véritable qui
est d'être l'image souriante de Dieu au foyer
domestique, il ajoutait : « La femme voudra
rester ce que Dieu l'a faite, ce que l'humanité a
de plus ravissant et de plus saint, la vierge,
l'épouse, la mère,... celle qui dès le berceau
initie l'enfant aux sacrés mystères, le nourrit de
lait divin, dépose en lui l'impérissable germe de
la foi qui le sauvera. »

Parmi les femmes qui vouèrent à Lamennais,
admiration, respect et tendresse, et dont il chercha à élever l'âme et à illuminer l'intelligence,
bien des noms s'offrent à nous :

Mmes de Kertanguy et de Granville, parentes
de Lamennais et qui purent aller prier à côté
de son lit d'agonie;

Mme de Vaux, qui avait sur sa figure pâle un

fond de mélancolie et de tristesse imposant, et qui défendait avec ardeur Lamennais dans le salon de Royer-Collard;

Mme Yeméniz, à qui Lamennais écrivit plus de quatre cents lettres encore inédites, lettres où il versa tout ce qu'il y avait de plus intime dans son âme de prêtre et dans son cœur d'apôtre;

La comtesse Fernanda Riccini, de Modène, jeune femme adonnée aux études sérieuses, et qui traduisit en italien l'*Essai sur l'indifférence ;*

Mme de Lacan, jeune veuve enthousiaste, agitée, inquiète, qui vivait auprès de sa mère au château de Cernay, où Lamennais la visita et dont il disait : « Elle manque d'une certaine harmonie qui produirait ce calme dont elle a tant besoin. » Par un second mariage elle devint Mme Cottu, sur qui le malheur frappait à coups redoublés et qui ajoutait encore à ses épreuves par les dispositions maladives de son âme, ce qui inspirait à Lamennais cette pensée profonde et vraie : « Il y a des âmes où aucune joie ne prend racine et où toutes les douleurs croissent naturellement. » Elle alla, elle aussi, prier et pleurer auprès de Lamennais mourant.

Une jeune fille inconnue, éprise d'idéal, ayant lu les premières œuvres de Lamennais, vit en lui un prophète inspiré de Dieu et lui adressa une poésie d'une inspiration charmante et d'une ravissante candeur, poésie conservée par Lamennais et retrouvée dans ses papiers, comme une fleur dans un herbier.

Mais il est d'autres femmes qui, par leur dévouement, tiennent plus de place dans la vie de Lamennais et dont les noms reviennent plus souvent dans sa correspondance.

Ce sont d'abord celles que le vénérable M. Caron, leur directeur, appelle « nos trois aimables Feuillantines » : Mlles de Lucinière, de Tréveneuc et de Villiers.

Pour fuir l'échafaud, à l'époque de la Terreur, elles avaient passé en Angleterre avec leurs familles. Attirées l'une vers l'autre par une secrète sympathie, elles s'associèrent pour fonder un pensionnat destiné aux filles des émigrés. Rentrées en France au moment de la Restauration, elles installèrent leur petite communauté dans l'impasse des Feuillantines, non loin de l'église Saint-Jacques du Haut-Pas. M. l'abbé Caron était aumônier, et Lamennais y avait ses nièces pensionnaires. Lui-même y reçut l'hospitalité, quand il vint à Paris. C'est là qu'il écrivit, en 1818, ce premier volume de l'*Essai sur l'indifférence*, qui fit soudain retentir son nom dans l'Europe entière. « En un jour, dit Lacordaire, Lamennais se trouva investi de la puissance de Bossuet. »

Royalistes et dévotes, les trois Feuillantines s'attachèrent avec une pieuse passion à Lamennais, qui défendait alors avec tant d'éclat la religion et la monarchie, Dieu et le roi. Il s'établit entre elles et lui une amitié que rien ne devait briser. Plus âgées, elles l'aimèrent comme des sœurs aînées aiment un jeune frère. Tout ce qui l'intéresse les touche au cœur : elles sont fières de sa gloire, détestent ses ennemis, le consolent, l'encouragent, lui adressent, quand il est absent, des lettres remplies d'une douce gaieté et d'un jovial abandon. Il leur écrit sur le même ton, et l'on a l'agréable surprise d'un homme de génie qui consent à avoir de l'esprit et à dire des riens aimables pour égayer trois vieilles demoiselles.

Quand il passera à l'ennemi et maudira le Pape et le roi, elles seront tristes, déconcertées; mais elles continueront, dans des lettres émues et toujours bien accueillies, à lui redire leur tendresse obstinée. Un jour, Mlle de Lucinière lui écrit ces mots touchants : « Mon cher ami, savez-vous qu'un de mes amis est allé dernièrement à Prague, et que le bon vieux roi lui a parlé de vous? « Il a trop d'esprit et de génie, « lui dit-il, pour rester dans l'opinion qu'il semble « avoir embrassée. La foi, a-t-il ajouté, le reti « rera de cet abîme!... » Moi, j'ai répondu *Amen* à cela, de tout mon cœur. N'allez pas vous fâcher contre votre pauvre amie! Oh! cher et si cher Féli, quand reviendrez-vous à nous? »

Hélas! il ne revint pas, il ne répondit pas à l'appel de ses nobles amies les Feuillantines, qui moururent avant lui, gardant encore au cœur une suprême espérance.

Mais les deux figures les plus exquises, les plus idéales, que l'on voit passer à travers les lettres de Lamennais, figures qui portent réellement l'étoile au front, sont celles de la comtesse Louise de Senfft et de la comtesse Amélie de Vitrolles, mortes l'une et l'autre dans la fleur de leur jeunesse, de leur vertu et de leur beauté.

Dieu cueille ses élus dans leurs fraîches années.

Ces deux jeunes filles, qui avaient comme le pressentiment de leur fin prématurée, renonçant, malgré leur jeunesse, leur nom et leur beauté, à toute alliance humaine, avaient accepté le titre de chanoinesses nobles de Brünn, en Moravie, tout en continuant à vivre dans leur famille.

Le comte de Senfft, d'origine hongroise, était attaché d'ambassade à Paris; il habitait rue du Bac. Protestant, il fut converti au catholicisme, ainsi que toute sa famille, par la lecture de l'*Essai sur l'indifférence*. Il se lia avec Lamennais d'une amitié qui devint intime et resta fidèle. Lamennais allait parfois passer la soirée chez lui. Une douce gaieté animait la causerie, et plus tard le grand écrivain, aux heures solitaires et désolées de sa vieillesse, aimera à rappeler « les bons rires de la rue du Bac ».

Auprès du comte et de la comtesse de Senfft, s'épanouissait leur fille, la jeune comtesse Louise, dont l'esprit vif et brillant n'avait en rien altéré le caractère simple, doux, modeste, charmant. Cette jeune fille écrivait et parlait la plupart des langues de l'Europe; elle avait le goût de la poésie. Sa piété était joyeuse et franche. Lamennais admira et aima cette riche nature.

Lorsque le comte de Senfft quitta Paris pour aller représenter l'Autriche à Turin, puis à Florence, l'amitié de Lamennais l'y suivit, avec des lettres fréquentes adressées tantôt au père, tantôt à la mère, tantôt à la fille. En écrivant à celle-ci, Lamennais multiplie les pensées délicates et profondes. Il ouvre devant cette âme de jeune fille, qui va bientôt quitter la terre, ces régions azurées du ciel, où passent des volées d'anges.

Quand elle mourut à Florence, dans les premiers jours d'octobre 1830, il écrivit au père et à la mère ces lignes baignées de pleurs : « Ainsi donc se dénouent les plus doux liens de la terre, et nous nous en allons mouillant de nos larmes le chemin qui conduit à l'autre vie, la seule réelle, la seule désirable, qui nous est proposée comme but et promise comme récompense; et voilà pourquoi il est écrit : *Pleurez peu sur le mort, parce qu'il se repose*[1]. »

Quelque temps après, ayant reçu le portrait de la comtesse Louise, Lamennais en témoigna sa reconnaissance par ces paroles, à la fois si

---

[1] Épitaphe des Catacombes.

tendres et si gracieuses : « J'ai reçu la lithographie que vous m'avez destinée, et je la garde comme un souvenir de tendresse et de douleur. Combien tout le passé qu'elle me rappelle repasse tristement à travers mon âme et aggrave le poids du présent ! Le vent de la vie a poussé des nuages bien noirs vers notre couchant. Heureuse celle qui s'est endormie lorsque l'astre qui échauffe et anime la création luisait pour elle dans sa pleine splendeur ! L'amour de Celui qui prévoit tout a voulu garantir cette fleur délicate de la brise du soir. »

A Florence aussi était morte l'année précédente, le 29 août 1829, une autre jeune fille, la comtesse Amélie de Vitrolles, qui avait voué à Lamennais un culte pieux et tendre. Elle l'avait vu pour la première fois dans le salon de son père, en février 1818, au lendemain même de la publication de l'*Essai sur l'indifférence*. Il avait alors trente-six ans. Son front, chargé de pensées, rayonnait. Amélie, qui avait l'âme grande, fut séduite. Lamennais s'inclina vers cette jeune fille que Dieu avait si richement douée. C'est pour elle qu'il entreprit, en 1824, la traduction de l'*Imitation;* il lui offrit de sa main le premier exemplaire.

La joie d'Amélie fut à son comble lorsque, au printemps de 1828, Lamennais vint passer un mois au château de Vitrolles, en Provence, au pied des Alpes. A cette époque la jeune fille, qui n'avait plus qu'un an à vivre, portait déjà à son front cette nuance de beauté qui est un commencement d'auréole. Lamennais la voyait pour la dernière fois.

Il garda de ce séjour et de cette vue un souvenir heureux. Rentré à la Chesnaie, il écrivait au baron de Vitrolles, le 21 août 1828 : « Reverrai-je jamais des jours semblables à ceux que j'ai passés à Vitrolles dans un commerce si aimable et si attachant, dans une si douce liberté de penser tout haut? Dieu le sait. Pour nous, pauvres créatures, emportées çà et là par les événements, nous ne savons rien, si ce n'est qu'il faut bénir Dieu de toutes choses, et ne nous promettre de bonheur durable que lorsque nous serons tous réunis dans son sein.

« Veuillez offrir à Mlle de Vitrolles mon respect, mes vœux, et lui demander quelque part dans ses prières, qui m'inspirent une très grande confiance. »

Plus tard, au moment où les premiers orages éclateront dans son âme et sur sa tête, il reviendra par le cœur à ces jours sereins passés à Vitrolles auprès d'un ami et d'une jeune sainte, et il écrira tristement : « Mon hiver a commencé ; ma tête blanchit comme vos montagnes, avec cette différence pourtant qu'elles reverdiront, et que je ne reverdirai point... Qui voudrait parcourir une seconde fois ce cercle de douleur qu'on appelle la vie? Ce n'est pas moi toujours. A mesure que j'approche du terme, je

me sens plus attiré vers ce monde mystérieux,
dout celui-ci n'est que le portique ouvert à tous
les vents, au soleil, à la pluie, comme si la
Providence avait voulu nous inspirer l'envie
d'entrer dans le temple. »

Quelle mélancolie dans ces paroles, et quelle
image attristée de la vie! Mais il ajoute bientôt,
comme pour corriger ce qu'il y a de trop sombre
dans le tableau : « L'avenir est beau et doux,
parce qu'on voit Dieu au fond. » Cette dernière
parole dut trouver un écho dans l'âme d'Amélie,
qui disait un jour : « Je n'entends d'autre son
que le cri continuel de mon cœur vers la vie,
de mon âme vers le ciel. »

Cette âme prit bientôt son vol vers cet azur
éternel où Dieu recueille ses élus, et Lamennais
exhala sa douleur dans une lettre adressée au
baron de Vitrolles : « Que vous dire, ô mon bon
ami, et comment vous exprimer ce que je sens?
J'ai le cœur brisé quand je pense à vous. Et
puis, lorsque je viens à songer à la félicité de
cet ange, je bénis Dieu... Il n'y a qu'un voile
entre elle et vous; que cette certitude vous con-
sole. Nous nous en allons vers notre vraie
patrie, vers la maison de notre Père; mais à
l'entrée il y a un passage où deux ne sauraient
marcher de front, et où l'on cesse un moment
de se voir, voilà tout! »

Lamennais écrivait ces paroles touchantes le
5 septembre 1829. Vingt-cinq ans plus tard, le

27 février 1854, lui-même mourait, obstiné dans sa révolte, en apparence du moins; car nul ne sait ce qui se passa dans l'intimité de cette âme à l'heure suprême.

Au moment d'expirer, et quand la parole avait déjà fui ses lèvres closes, Félicité de Lamennais promena son regard douloureux autour de lui; et une larme pure et brillante, « une longue larme venue du fond du cœur, » roula lentement sur sa joue creuse. Que se passa-t-il alors dans cette âme? Ne lui fut-il pas donné, ainsi qu'il l'avait souhaité jadis à tant d'autres, de sonder l'abîme « à la lueur de cette lumière pénétrante, inexorable, qui nous apparaît aux derniers moments, comme un crépuscule de l'éternité »? Quel était le sens de cette larme qui roulait silencieuse sur la joue amaigrie du vieux prêtre?

Dante, le poète favori de Lamennais, rencontre sur les flancs de la montagne du *Purgatoire*, en route pour le ciel, un grand criminel, son contemporain. Il s'étonne à sa vue, le croyant damné et réservé aux supplices éternels. Et le pécheur pardonné répond ces mots consolants : « Le démon voulait saisir mon âme; l'ange de Dieu la lui enleva à cause d'une petite larme versée par moi; et, pleurant, je m'en allai vers Celui qui volontiers pardonne. » Cette petite larme, *lagrimetta*, germa aussi dans l'œil mourant de Lamennais. Espérons qu'elle lui aura mérité les miséricordes de Celui qui volontiers pardonne ».

Un des témoins de son agonie, le jeune Émile Porgues, raconte encore que peu de minutes avant le dernier soupir, deux blanches colombes, qui voletaient dans l'air matinal, vinrent se poser sur le bord de la fenêtre mortuaire. N'étaient-ce point les âmes de ces deux virginales créatures dont j'ai parlé, Louise de Senfft et Amélie de Vitrolles, qui venaient chercher la grande âme tourmentée pour l'accompagner devant le trône de la justice de Dieu, et qui en route rencontrèrent, pour grossir leur cortège de suppliantes, les trois pieuses Feuillantines? Croyons, mesdames, à ces harmonies du monde surnaturel, et sachons que les humbles peuvent être la rançon des superbes. Avec Gerbet, le plus doux des disciples de Lamennais, et qui mourut évêque de Perpignan, ne désespérons donc pas du salut éternel de celui qui, au jour de sa fidélité, mit tant d'âmes sur la voie de la vérité et sur le chemin du ciel.

FIN

TABLE

29812. — Tours, impr. Mame.

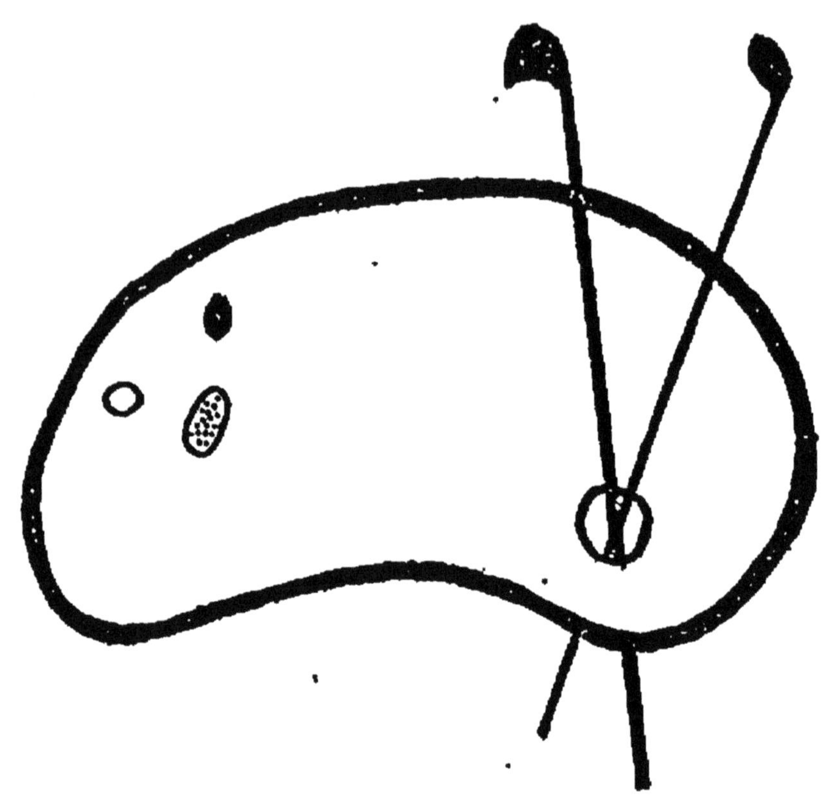

ORIGINAL EN COULEUR
NF Z 43-120-8